스포츠 비즈니스 실무론

스포츠 비즈니스 실무론

ⓒ 정구현, 2021

초판 1쇄 발행 2021년 3월 20일

지은이   정구현
펴낸이   이기봉
편집   좋은땅 편집팀
펴낸곳   도서출판 좋은땅
주소   서울 마포구 성지길 25 보광빌딩 2층
전화   02)374-8616~7
팩스   02)374-8614
이메일   gworldbook@naver.com
홈페이지 www.g-world.co.kr

ISBN   979-11-6649-444-4 (13690)

스포츠 비즈니스 실무론

정구현 지음

머리말

저자는 100년 역사를 가진 레저기업에서 17년간 실무자로 일해 온 생생한 경험을 학문적 이론들과 함께 이 책에 기록하고 있습니다. 그러면서 스포츠 비즈니스와 관련된 포괄적 내용보다는 실지 스포츠 기업에서 활용되는 주제, 독자에게 현장 맞춤형 교육을 할 수 있는 요소들을 중심으로 구성하였습니다.

구체적으로는 우선 스포츠 산업과 스포츠 기업의 전략, 재무, 인사, 마케팅, 기업문화, 소비자, 업무 과정 등 현장이해를 도울 지식들을 엄선해 관련 이론과 함께 충실히 수록하였습니다. 더해서 이론을 넘어 스포츠 비즈니스 실무 현장에서도 실질적인 도움이 될 수 있도록 노력을 기울였습니다. 최종적으로 독자들은 스포츠 기업의 운영 및 스포츠 산업에 대해 생생하게 이해할 수 있을 것입니다.

기실 오늘날 스포츠나 레저의 경제적 가치는 매우 중요하며 많은 관련 직업이 탄생하고 있습니다. 하지만 이러한 흐름을 이해하고 산업과 기업들의 가치나 생리를 학습하기 위해서는 특별한 연습이 필요합니다. 독자들은 이 책으로 충분히 연습하고, 시장 흐름을 이해하여 장차 훌륭한 현장 맞춤형 전문가가 될 수 있을 것입니다.

다만 이 책은 당초 스포츠 비즈니스가 일반화되어 가는 추세 속에 스포츠 산업이나 기업 생리를 이해하는 데 관심 있는 전공 대학생이나 대학원생을 위해 준비되었습니다. 하지만 수록 내용은 전공자에 국한되어 있지는 않습니다. 다양한 분야의 일반인이나 타 전공 학생들도 충분히 도움을 받을 수 있을 것입니다.

차례

제11장 스포츠 비즈니스를 위한 도구들

제 1 장

스포츠 비즈니스의 개요

1. 수업을 시작하며

강의를 시작하기 전에 학생들에게 제일 먼저 묻는 질문입니다. "왜 스포츠 비즈니스를 공부하러 왔습니까?" 대답은 다양합니다. 돈 버는 데 도움이 될 것 같아서, 공부를 하긴 해야 하는데 어디부터 시작해야 할지 몰라서, TV에서 스포츠가 많이 나오니 비전도 있어 보여서 등 다양한 답이 나옵니다. 하지만 저는 이렇게 대답하는 편입니다. "여러분이 스포츠 비즈니스를 배우는 이유는 사회에 나갔을 때 더 빨리 현장에 적응하기 위해서입니다." 기업 규모에 상관없이 심지어 동네 국밥집조차도 비즈니스 시스템에 의해 돌아갑니다. 거창하거나 어려운 용어는 필요하지 않습니다. 예를 들어 저희집 앞 40년 전통 국밥집 할머니는 단골손님들의 식성을 분석하여 고객 맞춤형 서비스를 제공합니다. 주인 할머니는 제가 국밥에 날계란을 풀어먹기 좋아하는 걸 아셔서 갈 때마다 계란을 하나씩 주십니다. 저를 배려해 주시는 마음에 현재 10년째 단골이 되었습니다. 할머니는 지속적으로 수익을 내기 위해 단골고객의 식습관을 분석해 맞춤형 서비스를 제공하는 비즈니스 전략으로 충성 고객을 만들고 있습니다. 결국 '비즈니스'는 전공자들의 거창한 용어가 아닌 것입니다.

회사 점심시간에 건물 앞이나 카페에 가 보면 많은 회사원들이 모여서 담배를 피우거나 차를 마시고 있습니다. 그분들은 보통 어떤 이야기를 나눌까요? 주제는 다양하지만 비즈니스 용어는 빠지지 않고, 분위기도 화기애애합니다. "나 작년 성과가 안 좋아서 성과급이 기본급에 몇 프로밖에 안 나왔어. 다음 사업 전략 짤 땐 획기적인 걸 고안해서 신사업에 반영해 보려고. 잘되면 성과 좀 내서 연봉도 오르고 승진도 하면 좋잖아!" 등입니다. 장차 얘기하겠지만 이 대화엔 상당히 많은 의미가 내포되어 있습니다. 여러분이 스포츠 비즈니스를 충실히 공부한다면 기업이나 사회에서 위 대화의 의미를 이해하고, 소통하며 사람들과 좋은 관계를 맺을 수 있을 것입니다.

2. 스포츠 + 비즈니스

일반 비즈니스와 스포츠 비즈니스의 차이는 무엇일까요? 우선 사전적 의미와 이론적 의미를 살펴보면 아래와 같습니다.

□ 사전적 의미

- 스포츠[sports(명사)]: 일정한 규칙에 따라 개인이나 단체끼리 속력, 지구력, 기능 따위를 겨루는 일.
- 비즈니스[business(명사)]: 어떤 일을 일정한 목적과 계획을 가지고 짜임새 있게 지속적으로 비즈니스 함 또는 그 일.

□ 이론적 의미

- 스포츠와 관련된 생산품 그리고 서비스 제공을 주목적으로 하는 기업의 계획, 지휘, 통제 기능. Mullin(1985)
- 스포츠 상품의 효과적인 생산과 발전을 위해 제한된 인적, 물적 자원과 관련 기술 그리고 다양한 상황 등의 조화. Chelladurai(1985)

사전적 의미와 이론적 의미를 종합해 보면 스포츠 비즈니스는 스포츠와 관련된 일을 목적과 계획을 가지고 짜임새 있게 지속적으로 수행해 나가며 성공적인 비즈니스를 위해 효과적으로 관련 자원들을 운영하는 일입니다. 여기서 우리는 스포츠 상품의 특성뿐 아니라 목적 · 계획 · 지휘 · 통제 · 효율성 등 비즈니스에 필요한 공통 요소들 또한 이해해야 한다는 것을 알 수 있습니다. 따라서 뒤이어질 장들에서는 이러한 단어들의 속뜻은 무엇이며, 실무에선 어떻게 활용되는지 살펴볼 것입니다.

3. 스포츠 상품

시중에 비즈니스 관련 서적은 다양하지만, 스포츠 비즈니스 관련 책자는 많지 않습니다. 그 이유는 스포츠 상품의 특수성 때문입니다. 스포츠는 경쟁적이며 기술과 열정이 포함된 인간의 신체활동입니다. 또한 체계적인 규칙에 의해 통제받는 특징(Synder, E. E., and Spreitzer, E. A. 1989)이 있습니다. 이런 스포츠 상품의 특수성은 장점인 동시에 단점이 될 수 있습니다. 여러분이 훌륭한 경영자라면 상품의 장점은 극대화하고 단점은 개선해 나가야 합니다.

스포츠 상품은 운동화 등 스포츠 용품의 판매·제조 등을 제외하면 사업 분류상 대다수가 서비스업이라고 생각하면 쉽습니다. 경기장에서 경기를 하거나 태권도 학원에서 운동을 가르치는 것은 서비스업으로 분류됩니다. 이러한 스포츠 상품의 특징은 무엇일까요?

첫째, 무형성입니다. 형태가 없다는 뜻입니다. 여러분이 태권도 학원에서 수업을 받아 보기 전까지 학원이 나에게 맞는지 잘 가르치는 곳인지 알 수 없을 겁니다. 그래서 품질을 판단하기가 어렵습니다. 이를 극복하기 위해 태권도 학원에선 표창장이나 라이선스 등 간접적으로 품질을 표출할 수 있는 장치들을 활용합니다. 이러한 요소들은 소비자가 서비스의 질을 판단하는 데 간접적으로 도움을 줍니다.

둘째, 소멸성입니다. 운동화 등 스포츠 용품은 형체가 있기에 신어 보고 사용해 보는 등 직접 경험할 수 있습니다. 그리고 필요할 때마다 꺼내 쓸 수 있지요. 하지만 강습 같은 서비스 상품은 그 순간에만 느낄 수 있습니다. 직접 눈으로 볼 수 없고 수련을 통해 몸으로 기억하게 됩니다.

셋째, 이질성입니다. 이질성 때문에 스포츠 강습을 업으로 하시는 분들이 몹시 고충을 토로합니다. 이유는 같은 강습 내용이라도 교육생에 따라 받아들이는 정도가 다를 수 있습니다. 강사의 지도 방식이 본인에게 잘 맞는다면 좋은 교육을 받았다고 생각하겠지만, 만약 맞지 않는다면 질을 떠나서 낮은 만족도를 보일 것입니다. 이런 개인차에는 소비자의 심리적 상태 또한 중요하게 작용합니다.

넷째, 동시성입니다. 스포츠 서비스 상품은 생산과 동시에 소비되는 특징이 있습니다. 이는 고객의 반응이나 상품에 대한 피드백을 수집할 시간이 많지 않다는 단점이 있습니다. 그래서 스포츠 경영자는 스포츠 비즈니스 트렌드를 항상 읽고, 대비해야 하며 소비자를 철저히 분석해야 합니다. 또한 고객만족을 위해 최선을 다해야 합니다.

따라서 스포츠 경영자가 성공적인 비즈니스를 영위하기 위해서는 스포츠 상품의 특성을 이해하고 맞춤 전략을 짜야 합니다. 소비자 분석에 많은 시간과 자원을 투자하고 사람들이 스포츠 상품을 이용해 보상받고자 하는 즐거움·기술·건강·우수함 등의 소비자 동기 등을 연구해야 합니다. 여러분도 스포츠 비즈니스인이라면 소비자가 자신의 상품을 이용하는 이유가 무엇인지를 분석하는 자세를 가지고 전략을 수립해야 할 것입니다. 그래야 성공 확률을 높일 수 있습니다,

4. 기본 원리

실무에서 스포츠 비즈니스의 기본 원리는 합리적이고 효율적인 사업 추진으로 그에 걸맞은 결과 즉, 수익을 내는 것입니다. 최근에는 여기에 더해 기업의 사회적 기여도 또한 많이 강조되고 있습니다. 즉, 기본 원리는 합리성·수익성·사

회공익성 세 가지로 요약할 수 있습니다.

첫째는 합리성 측면에서 기업은 목표를 달성하기 위해 적절한 수단을 선택해야 합니다. 사업의 효율성을 극대화하기 위해 방향성을 나타내는 기업철학이나 비전, 목표를 세워야 합니다. 보통 CEO나 임원들의 아이디어와 의견으로 기업의 방향성을 정합니다. 기업 구성원들은 이 방향성에 따라 소속 부서나 팀의 인프라를 활용, 일정 기간 효율적으로 목표를 달성해 나갑니다. 최종적으로 다양한 성과를 거두게 되지만, 가장 중요하고 큰 성과는 수익 창출입니다.

둘째는 내·외부 환경의 제약 속에서 비즈니스 목적 달성을 위해 전 구성원들이 수익성을 추구합니다. 비즈니스에서 가장 중요한 것은 수익 창출입니다. 수익이 없다면 기업의 존재 가치가 무의미합니다. 특히 수익은 내·외부 환경에 영향을 많이 받으며 기업에서 가장 객관적인 성과 기준이 됩니다. 이러한 수익을 창출하기 위해 비즈니스 구성원들은 최선을 다합니다.

셋째는 기업의 사회공익성으로 비즈니스 주체인 기업은 사회적 존재라는 점입니다. 많은 기업이 수익을 낸 만큼 일정 부분은 사회에 환원하여 기업의 사회 공익을 실현하고 윤리 경영 의무를 다해야 합니다. 이런 활동은 지속적인 비즈니스의 토대인 동시에 고객 만족의 기반이 됩니다.

5. 공공 스포츠와 상업 스포츠

스포츠 비즈니스는 크게 공공 스포츠와 상업 스포츠 두 범주로 나눌 수 있습니다. 공공 스포츠는 주로 정부 주도형 스포츠 시설로 이해하시면 됩니다. 시설공사나 정부 관련 사업단체가 위탁 운영하는 형태가 많으며 공공 스포츠센터가 대표적입니다. 반대로 상업 스포츠 시설은 스포츠 서비스를 제공해 이윤을 창출하는 데 목적이 있습니다. 전문적인 비즈니스 운영 기반을 갖고 있으며 소규모 단일 스포츠 시설부터 대규모 복합 리조트까지 다양합니다. 이외 기타 범주로 학교·지역·직장 등의 스포츠 시설이 있는데 학교는 특정한 아동, 학생 등에게 각종 체육 사업을 제공하는 것이 목표이며 교육제도와 연계되는 특징이 있습니다. 지역 스포츠 시설은 주민 건강 증진, 스포츠 활동 욕구 충족, 삶의 질적 향상, 공동체 의식 함양, 복지 실현 등을 목적으로 합니다. 보통, 시·군·구가 주체가 되며 생활체육·학교체육과 연계되는 특징이 있습니다. 직장 스포츠 시설은 직원의 건강유지, 체력 증진,

복리 후생, 근로 의욕 및 연대 의식 고취 등을 목적으로 직장 대표와 기업 가치관에 따라 회사 복지와 연계, 운영됩니다.

공공 스포츠 시설과 상업 스포츠 시설을 운영 측면에서 구분해 보면 공공 스포츠 시설은 행정적인 성격이 강하고 상업 스포츠 시설은 경영적인 성격이 강합니다. 즉, 상업 스포츠 시설이 공공 스포츠 시설보다 수익 창출이나 성장에 더 중점을 두기 때문에 목표 설정이나 수익 창출 등 상업 비즈니스 시스템에 익숙합니다. 이유는 상품과 서비스를 판매한 수익이 재정적 기초이기 때문입니다. 반대로 공공 스포츠 시설은 세금이나 기부금, 학생수업료 등이 재원이기 때문에 더 공익적인 부분에 집중할 수 있는 장점이 있습니다. 결국, 비즈니스 운영 측면에서 재원 기반에 따라 경영 비전과 목적성이 정해질 수 있습니다.

소비자와의 관계 측면에선 상업 스포츠 시설이 수익과 직접적으로 관련이 있는 소비자에 대한 만족을 중요시하고 마케팅도 이에 집중하는 경향이 있습니다. 궁극적으로는 성장과 시장 확대, 투자 대비 수익 극대화 등이 목표입니다. 반면에 공공 스포츠 시설은 공익 실현과 사회적 기여 등에 집중하는 경향이 있습니다.

공공 스포츠 시설의 리더는 행정가형이 많고 상업 스포츠 시설은 경영자형이 많습니다. 공공 스포츠 시설의 리더는 일 정한 재원을 가지고 최고의 효과를 창출해야 합니다. 또한 공공 시설은 정부나 타 기관의 영향에서 자유롭지 않기에 현 실 수용 능력이 강해야 합니다. 하지만 상업 스포츠 시설의 리더는 경쟁에서 살아남고 더 많은 수익을 내기 위해 항상 개 선하고 중장기적인 관점에서 운영해야 합니다. 또한 급변하 는 경쟁이나 변화 속에 발생하는 불확실성에 대비하기 위해 항상 해결책을 고민해야 하는 특성이 있습니다.

6. 스포츠 비즈니스 기본과정

스포츠 비즈니스 기본과정은 계획(Planning), 조직(Organizing), 지휘(Leading), 통제(Controlling)로 구분할 수 있습니다. 스포츠 비즈니스는 첫째로 무엇을 할지 계획해야 합니다. 새로운 물건을 만들어 팔 것인지, 아니면 새로운 서비스를 선보일 것인지 등을 계획(planning)하는 것입니다. 목표를 설정하고 그 목표를 달성하기 위한 방법까지 결정합니다. 보통 기업에선 관리자와 직원이 워크숍, 브레인스토밍 등을 하며 계획합니다. 계획을 수립하였다면, 자원과 인력을 효율적으로 조직화(Organizing)합니다. 이는 계획을 달성하기 위해 가지고 있는 인적·물적·자원을 배분하는 활동입니다. 개인이든 기업이든 보유 자원은 한정되어 있기 때문입니다. 만약 신사업을 효율적으로 추진할 만큼 능률적인 조직화가 끝났다면 다음으로 경영자가 목표를 달성하기 위해 총괄적으로 지휘(Leading)를 해 나갑니다. 직원들이 열심히 노력해서 높은 성과를 달성할 수 있도록 이끄는 것입니다. 하지만 큰 배가 앞으로 나아가기 위해선 바른 방향으로 가고 있는지 체크하고 목적지에 제시간에 도착하기 위한 속도를 내고 있는지 등 통제도 필수적입니다. 이를 위해 선장인 경영자는 중간중간 성과를 점검하고 문제를 수정해 나가는 등 개선 과정을 거칩니다.

경영자의 평가는 자원을 얼마나 잘 활용해서 목표를 달성하느냐에 달려 있기 때문에 가용 자원과 인력을 최대한 효율적으로 활용하는 게 중요합니다.

7. 스포츠 기업 기본구조

목표 달성을 위해 기업을 효율적으로 통제하고 운영해야

함은 아무리 강조해도 지나치지 않습니다. 경영 효율성을 높이기 위해선 기본구조가 중요합니다. 운영이 잘되는 기업은 기본구조가 탄탄하고, 따라서 좋은 상품을 만들어 낼 가능성이 높습니다. 예를 들어 기본 부서들의 역할들을 살펴보면 최고경영자의 아이디어를 기반으로 경영 전략 수립이나 신규 사업 계획을 전담하는 기획 부서가 있습니다. 또한 생산 관리를 전담하는 부서, 생산 부서의 효율적 운영을 위해 재무 지원을 담당하는 부서, 적합한 인재를 적소에 배치하고 관리하는 인사 부서, 마케팅 관리 등 사업을 촉진하거나 홍보하는 부서가 있습니다. 이외에 치밀하게 설계된 계획을 효율적으로 실행하고 관리하는 부서가 많습니다. 정보 시스템 관리 부서는 정보통신기술(ICT)을 활용하여 기업 운영의 효율성을 상승키고, 기업 홈페이지 등을 관리합니다. 사업 전략 부서는 주요 사업을 변별하고 평가합니다. 기업과 사업의 규모에 따라 더 세세한 관리 부서가 추가되거나 복잡해질 수 있지만, 이런 기본적인 부서들은 최고경영자의 아이디어를 실무적으로 구현해 내는 기본 단위가 됩니다.

8. 경영 환경

경영 마인드가 있는 사람일수록 다양한 신문과 경제지 · 경영지를 가까이 합니다. 이유는 급변하는 경영 관련 정보를 얻고 트렌드를 읽기 위해서입니다. 어떤 기술이 발명되고, 주목받고 있는지 주요 품목의 시세나 경제 동향은 어떤지 등 정보를 파악하는 것은 경영의 기본입니다. 비즈니스는 주변 환경과 상호작용하는 개방 시스템이므로 환경과 분리된 비즈니스는 존재할 수 없습니다.

비즈니스 활동에 직접적으로 영향을 미치는 환경 요소를 내부 환경이라고 합니다. 또한 간접적으로 영향을 미치는 환경 요소를 외부 환경이라고 합니다. 예를 들어 외부 환경에는 경제, 기술, 사회, 문화, 정치, 법률, 자연환경 등 다양한 변수가 있습니다. 보통 예측하기 어려워 항상 경영자들은 이런 외부 환경에 관심을 갖고 있습니다. 큰 기업일수록 이런 외부 환경을 파악하기 위해 경제연구소와 기획실을 운영하고 연구용역을 발주해 기업에 맞는 맞춤형 정보를 수집하며 경영 정책에 반영합니다. 내부 환경은 소속 기업 시스템으로 임직원, 주주, 경쟁기업, 금융기관, 소비자, 공급업자 등을 예로 들 수가 있습니다.

최근 정보통신기술(ICT)의 놀라운 발전으로 인적자원과 자본, 제품, 기술, 서비스의 이동이 자유로워지는 등 외부 환경이 급격히 변화했습니다. 지구촌이 하나의 스포츠 시장으로 변모하고 있는 것입니다. 기업들은 이런 외부 환경 아래 내부 경쟁력을 갖추기 위해 해외전략팀을 구성, 강화하고 있습니다. 또한 국가별 고유 환경 요소와 시장을 분석하여 보유 상품을 진화시켜서 세계 기업과 경쟁하고 있습니다.

이처럼 경영자는 항시 변화하는 외부 환경에 대비해 다양한 정보를 수집하고 내부 환경을 개선해 리스크에 대비해야 합니다. 특히, 스포츠 경영자라면 새로운 사업이나 비즈니스를 실행할 때 이런 경영 환경 변화에 맞춰 비전을 제시할 줄 알아야 합니다.

예를 들어 주 5일제 근무제 시행, 코로나 사태, 정보통신기술(ICT)의 발달 등은 외부 환경에 속합니다. 이런 외부 환경에서 스포츠 비즈니스 전문가라면 주말 레저 활동 동향을 연구하고 코로나 시대 언택트 문화 확산에 대비, 기존 사업들을 재조정해야 합니다. 특히 비대면적 신사업을 구상해야 하며 ICT를 적극 활용해야 합니다. 이를 위해 조직의 인프라를 재구성하고 가용자원을 효율적으로 끌어 모아야 합니다. 변화에 대비해 틈새시장도 개척해 나가야 합니다.

제 2 장

스포츠 비즈니스의 리더

1. 스포츠 비즈니스 리더의 역할

리더는 다른 사람이나 집단에 영향을 미쳐 자신이 바라는 방향으로 유도하는 능력 즉, 리더십을 가진 사람을 말합니다. 리더십은 리더의 중요한 덕목 중 하나입니다. 리더십은 기업 활동에 영향을 미치는 행위이며, 구성원들에게 행동 유인을 제공하여 동기를 부여함으로써 기업의 목표를 달성하도록 촉진합니다.

스포츠 비즈니스에서 리더를 설명할 때 보통 감독과 기업 CEO를 비교하곤 합니다. 이유는 스포츠 팀이나 기업 운영에서 리더의 역할이 비슷하기 때문입니다. 감독은 팀의 경기력을 극대화하고 목표를 달성하기 위해 상대팀의 경기를 분석합니다. 또한 연구하고, 작전을 수립하고 선수들을 독려하고 트레이닝합니다. 기업도 마찬가지입니다. CEO도 경쟁에서 이기기 위해 전략을 세우고, 전략을 실천할 인재들을 배치하고 육성합니다. 추진하는 사업을 성공시키기 위해 시장을 철저히 조사하고 정보를 수집합니다. 성과에 따라 구성원들을 독려하거나 책임을 묻기도 합니다. 감독이나 CEO 모두 이길 수 있다는 자신감을 고취하기 위해 독려하며 성과를 측정합니다. 역할 측면에서 스포츠 감독과 기업의 CEO는 유사한 점이 많습니다. 이러한 이유로 많은 기업 CEO들은 스포츠 리더십을 실제 경영에 접목하거나 사업을 스포츠에 비유하기도 합니다. 스포츠와 기업의 운영은 공통점이 많습니다.

스포츠 리더는 팀, CEO는 기업의 성공을 위해 명쾌한 비전과 목표를 세우고 공유할 줄 알아야 합니다. 목표를 세우려면 그 분야의 전문가가 되어야 하고 구성원들과의 소통을 잘해야 합니다. 경쟁에서 이기기 위해 시장이나 경기를 분석하는 능력을 기르면서도 어려움이 닥쳤을 때 구성원들을 배려하고 동료애를 심어 주고, 믿음을 줘야 합니다. 사실 경기나 사업을 하다 보면 갑작스러운 어려움이나 해결해야 할 난제가 생기는데 리더는 그때마다 팀원을 독려하고 순간적인 결단력과 추진력을 발휘해야 합니다.

2. 스포츠 리더십과 이론

리더십은 타인이 목표 성취를 위해 앞으로 나아가도록 영향을 끼치는 능력을 말합니다. 리더와 매니저의 차이를 구별하면 리더십을 더 잘 이해할 수 있습니다. 예를 들어 일상적인 업무를 효율적으로 해낼 수 있도록 조정·조율하는 사람을 매니저라고 하지만 리더라고는 하지 않습니다. 리더는 단순히 기업을 관리하고 일상적 의사결정을 하는 사람을 말하지 않습니다. '목표(goal)'를 향해 기업을 이끌어 갈 수 있는 사람, 기업의 목표를 명확히 해 주며 구체적 동기를 이끌어 낼 수 있는 사람, 미래 비전을 향해 방향을 잡아 줄 수 있는 사람을 리더라고 합니다. 즉, 비전과 목표를 세우고 공유할 줄 아는 사람입니다.

리더십을 이해할 수 있는 몇 가지 이론을 살펴보면 첫째로 특성이론이 있습니다. 이 이론은 능력 있는 리더와 그렇지 못한 리더 간에 구별되는 특성이 존재한다고 가정합니다. 즉, 리더의 자질은 선천적인 영향이 크다는 이론입니다.

둘째로 행동이론인데 특성이론과 반대로 후천적 영향을 더 강조합니다. 자리가 사람을 만든다고 할까요? 리더 자질을 갖고 태어나는 것이 아니라 리더가 역할을 수행하면서 기업 구성원에게 어떤 행동을 보여 주느냐에 따라 리더의 자질이 달려 있다는 이론입니다.

마지막으로 상황이론인데 모든 상황에 적용되는 가장 효과적인 리더십은 없으며, 상황에 따라 효과적인 리더십의 유형이 달라진다는 이론입니다.

간단하게 리더의 유형을 이론적으로 알아보았는데 여러분은 실제 현장에서도 이런 유형에 따라 리더를 구별할 수 있을 겁니다. 회사 생활을 하다 보면 사람을 판단하는 기준이 생기곤 하는데 가끔 "저 친구는 원래부터 사장감이야.", "저 친구는 자리가 사람을 만드네!" 등 원래부터 능력이 있었거나, 아니면 평소엔 두드러지지 않다가 나중에 능력을 발휘하는 등 다양한 리더 유형을 관찰할 수 있습니다. 이러한 이론들을 바탕으로 여러분은 어떤 유형의 리더인지 생각해 보는 것도 좋을 것 같습니다.

3. 스포츠 경영자의 구분

스포츠 비즈니스를 실행하고 책임지는 사람을 스포츠 경영자라고 합니다, 큰 기업일수록 책임 · 역할 또는 권한별로 경영을 책임지는 계층이 세세하게 나뉘어져 있습니다. 물론 계층별로 요구되는 자질은 상대적으로 달라집니다. (Bridges F., and Roquemore, L., 1998)

스포츠 경영자는 크게 상급 · 중간 · 기초 경영자로 구분할 수 있습니다. 예를 들어 상급 경영자는 기업 비전 제시와 목표 설정을 위해 경쟁사 정보 수집 등 시장조사를 위한 지식이 절대적으로 필요합니다. 이는 흔히, 기획력으로 정의되며 소프트웨어적인 감각이 요구됩니다. 인사권을 가지고 있어 적재적소에 인력을 배치하고, 부하 직원들이 목표 달성을 위해 책임을 성실히 수행하도록 독려하며, 구성원들을 조화롭게 총괄하는 역할도 맡습니다. 또한 기업 전체의 비전을 설정하고 전략적 의사결정을 하면서 기업의 장기목표를 세우고 자원 배분 등을 효율적으로 하도록 큰 그림을 잡아 주는 역할을 합니다.

중간 경영자는 기업의 허리 역할로 위로는 최고 경영자를 지원하고 아래로는 소단위 경영자들을 관리해야 하기 때문에 좋은 인간관계 형성이 요구됩니다. 또한 기업의 모든 일을 꿰뚫고 있어야 합니다. 중간 경영자는 수익 창출이나 기업 운영에 가장 핵심적인 역할을 하며 중간에서 상급 경영자와 기초 경영자들을 지원하고 이끕니다. 관리적 의사결정을 하며 기업의 목표 달성을 위해 자원을 어떻게 획득할 것이며, 또 어떻게 최소비용으로 최대 효과를 낼 수 있을지 고민합니다. 이런 업무를 수행하는 중간 경영자는 보통 사업부 부장급이나 처장급들 이상입니다.

기초 경영자는 한 분야에서 기술적 전문가여야 합니다. 보통 팀이나 부 같은 단위에서 스태프를 관리합니다. 이를 위해 업무 분야 전문 지식을 가지고 있어야 합니다. 실무진이여서 전반적인 기업 운영에 참여하지는 않지만 지위에 맞춰부하 직원을 통솔해 기술적인 업무에 참여합니다. 이들은 운영적 의사결정을 하는데 주로 팀장이나 차장급이 많습니다. 즉, 이들은 특정 업무의 효율성을 극대화하고 효과적으로 수행하는 데 집중합니다.(Katz, R. L. 1974)

이처럼 권한·역할·책임별로 구분하여 스포츠 경영자에게 차등적인 의사결정 권한을 주는 이유는 권한과 책임을 분산하고 그에 따른 역할을 분명히 해 기업을 효율적으로 운영하기 위해서입니다. 보통 부서들은 결정 권한 및 책임과 가용 예산의 범위가 비례합니다. 상위 경영자일수록 책임과 권한은 커지고 가용예산이 많이 배정됩니다.

4. 스포츠 관리자의 유형

스포츠 관리자는 독재형·민주형·참여형·자유방임형으로 구분할 수 있습니다. 독재형 리더는 부하에게 '반드시해야 할 것'을 지시하고 민주형 리더는 부하 직원들과 '의견

일치'를 추구합니다. 참여형 리더는 의사 결정을 위해 부하 직원들의 '의견을 반영'하고, 자유방임형 리더는 부하 직원들에게 '상당한 자율성'을 보장합니다. 물론 이들은 장단점이 있어 기업이나 기업의 형태에 따라 적합한 리더 스타일이 다를 수 있습니다. (Mc Gregor, D., 1960)

I) 독재형

근로자들의 업무가 단순하며 반복적인 것이라고 여길 때 독재형 관리자가 있을 수 있습니다. 독재형 리더는 부하 직원은 소극적이며 책임감이 적고 업무에 소홀할 것이라는 생각을 가지고 있습니다. 그래서 달성 목표를 제시하고 반드시 이를 달성할 것을 부하 직원들에게 요구합니다. 물론 일시적으로 효과는 있을 수 있으나 아무리 동기가 부여된 근로자라도 업무 제한에 불편을 느끼게 되면 자율성이 보장되는 일자리를 선호할 수 있습니다. 또한 이러한 기업문화에선 사소한 결정도 리더가 하기 때문에 미래의 지도자를 양성하는 데 한계가 있을 수 있습니다.

2) 민주형

민주형 리더는 근로자들이 기업의 목표 달성을 위해 자율적으로 의사 결정을 할 것이라고 믿는 경향이 있습니다. 이런 여건을 만들기 위해서는 리더가 직원들에게 충분한 동기를 부여해야 합니다. 동기 부여는 근로 의욕을 높이고 부하 직원들이 의사 결정과 비전 제시에 적극적으로 참여하게 합니다. 하지만 동기 부여가 부족하다면 리더의 통제력이 약해질 수 있으며 결과에 대한 책임만 지기 때문에 기업 운영에 소극적일 수 있습니다.

3) 참여형

독재형과 민주형이 어느 정도 절충된 형태로 의사결정 과정에 직원들이 참여하나 최종 결정은 리더의 몫으로 남겨 두는 특징이 있습니다. 이는 민주형처럼 미래의 지도자를 양성하며 근로자 스스로 기업 운영에 관여한다는 느낌을 가지게 함으로써 근로 의욕을 고취할 수 있습니다.

4) 자유방임형

자유방임형 리더는 근로자 개인이 주어진 영역에서 리더십을 갖게 하기 위해 근로자에게 결정권을 부여합니다. 이처럼 부하직원들에게 폭넓은 자율권을 부여할 환경을 만들기 위해 가장 중요한 것은 우수한 직원의 모집과 선발입니다. 중요한 결정권을 직원에게 부여하기 위해서는 그만큼 실력이나 믿음이 뒷받침 되어야 하기 때문입니다. CEO가 새로운 사업 분야나 전문 분야에서 직접 관여하지 않고 실무진에게 의사결정권을 부여하는 것, 스포츠에서 선수 선발권을 감독에게 주는 것이 한 예입니다. (Mondy et al., 1991)

제 3 장

스포츠 시설 경영과 상품 개발

1. 스포츠 시설 경영(Management)

사전적으로 스포츠 시설 경영은 '스포츠 상품을 생산하는 스포츠 시설 인프라를 효율적으로 경영하는 것'을 말합니다. 다만 중요한 것은 운영 자체에 한정되지 않고 주어진 인프라를 이용해 최고의 효과를 내야 한다는 점입니다. 이를 위해서는 시설 경영자가 내·외부 환경에서 현재 위치를 파악하고 문제점 개선을 위해 노력하며 장기적으로 비용 효율성을 추구해야 합니다.

스포츠 시설 경영은 생산관리 개념으로, 스포츠 용품의 제조부터 서비스까지 효율적으로 운영하는 일이라고 단순하게 생각할 수 있습니다. 하지만 최근엔 스포츠 시설 경영의 의미가 생산 개념에서 투입된 요소들을 좋은 결과물로 변환하는 운영 프로세스의 설계, 지시, 통제까지 확대되고 있습니다.

2. 스포츠 시설 경영자의 사고

스포츠 경영자는 효율적인 운영을 위해 시스템적, 전략적,

가치사슬적 사고를 할 줄 알아야 합니다.

　첫째, 생산 효율성을 높이기 위해선 시스템적 사고가 필요합니다. 시스템적 사고란 스포츠 상품에 대한 목표, 투입, 변환, 산출부터 결과 측정을 통해 조치하는 것까지 모든 과정에 대한 이해를 말합니다. 만약 경영자가 생산 요소별 시스템을 잘 이해하고 있으면 리스크나 문제가 발생했을 때 신속하게 제어하거나 해결할 가능성이 높아집니다. 예를 들어 연초에 1년 동안 야구를 10경기 할 것이며 이를 통해 입장료 등 다양한 판매 수익은 1억 원을 올리겠다고 목표를 세웠다고 합시다. 이것은 시행 주체가 가용할 수 있는 모든 인프라를 고려해서 세운 목표입니다. 실행을 위해 자본이나 인력 등이 투입됩니다. 투입 요소론 선수·심판·경기장·홍보 등이 있을 수 있습니다. 이젠 이 요소들을 잘 활용하여 좋은 경기를 만들어 입장료를 낸 고객에게 제공합니다. 하지만 목표를 달성했다는 것과 효율적으로 운영했다는 것을 어떻게 알까요? 모든 사업을 마친 후 판매량이나 방문율 등을 분석해 결과 측정을 하고 목표치와 비교합니다. 결과가 목표에 수렴해 정말로 좋은 스포츠 상품을 만들어 내었다면 더 개선된 목표를 세우고 다시 자원과 자본을 투입하는 과정을 거칩니다. 만약 목표에 미치지 못했다거나 문제가 발생했다면 어느 단계에서 잘못되었는지 알아내서 개선해 나가야 합니다. 경영자는 이런 단계별 피드백을 통해 문제 사항을 조치하고 다시 좋은 결과를 만들어 내기 위해 구성원에게 동기 부여를 해야 합니다.

둘째, 전략적 사고가 필요합니다. 훌륭한 경영자들은 스스로 목표와 전략을 가지고 기업의 방향성을 유지하려고 노력합니다. 리더의 전략, 비전은 기업 구성원들에게 방향타 역할을 합니다. 예를 들어 경영자가 환경을 생각하는 스포츠 기업이 되고 싶다고 했습니다. 그러면 모든 구성원은 이 목표를 타깃하는 제품을 만들기 위해 운영 전략을 짭니다. 우선 개발 부서에선 트렌드를 분석하고 고객의 니즈를 파악합니다. 생산 부서에선 제품 품질을 생각하고 친환경적 요소나 재활용 원자재를 활용하는 것을 중·장기적으로 고민할 것입니다. 재무 부서에서는 최소 비용으로 최대 효과를 내기 위하여 다양한 아이디어를 낼 것입니다. 다양한 환경 변화에 맞춰서 경영자의 목표와 비전을 실현해 내려고 노력하는 과정을 거칩니다.

마지막으로 가치사슬적 사고가 필요합니다. 상품이 세상

에 나오기 위해서는 다양한 절차가 필요합니다. 경영자가 이러한 과정들을 전체적으로 정확하게 파악할수록 효율적인 경영이 가능해집니다. 그래서 신입사원이 처음 들어왔을 때 이런 이유로 다양한 부서를 돌며 근무하게 하는 경우도 있습니다. 다양한 부서에서의 근무 경험은 나중에 관리자가 되었을 때 가치사슬적 사고를 가능케 하고, 사업을 기획하고 리스크에 대응할 때 경험을 바탕으로 신속히 문제를 해결할 수 있습니다. 이를테면 불량 상품이 발생했을 때, 가치사슬적 사고가 가능한 경영자는 생산 라인을 점검할 것입니다. 그리고 급증하는 고객 민원을 보고 영업이나 고객 접점 부서를 점검할 수도 있을 것입니다.

3. 스포츠 상품 생산 프로세스

스포츠 상품은 생산 계획을 수립할 때부터 기업의 모든 부서가 움직입니다. 예를 들어 좋은 경기나 상품을 만들기 위해서는 연구·개발, 재무, 인사, 회계 등 다양한 부서가 제 몫을 해야 합니다. 연구·개발 부서에서는 상품을 설계·개발합니다. 관련 인력은 인사팀에서 지원합니다. 재무팀은 생산

자금을 지원하고 회계팀은 세금 문제를 들여다보고 원가 조정을 담당합니다. 마케팅팀은 생산된 스포츠 상품을 고객에게 제공하고 홍보하기 위해 노력합니다.

생산 과정에서 효율성을 높이려면 어떻게 해야 할까요? 제일 중요한 것은 수요와 공급의 균형을 확보하는 것입니다. 만든 만큼 팔아야 재고로 인한 추가 비용을 줄일 수 있고, 제품 부족으로 인한 고객의 불만 증가 같은 리스크를 최소화할 수 있습니다.

그래서 우선 새로운 상품을 연구·개발하면서 상품이 얼마나 팔릴지 구매 예측을 해야 합니다. 판매가 시작되면 물류 관리를 통해 공급을 조절하고 재고를 최소화해야 합니다. 물론 고객 관리도 필요하고요. 또한 이 과정에서 피드백이나 결과 평가를 통해 제품 공급량도 조절합니다. 따라서 경영자는 생산 프로세스를 이해하여야 하며 생산에서 발생할 수 있는 리스크를 최소화하도록 노력해야 합니다.

4. 상품의 유통

스포츠 상품은 전통적으로 자재 공급 업체, 제조 업체, 유통 업체를 거쳐 고객에게 제품이나 서비스 형태로 제공돼 왔습니다. 고객은 제품이나 서비스에 대해 대가를 지불하고 필요한 경우 개인 정보 제공에도 동의하게 됩니다. 그러나 온라인이 대두하면서 이런 전통적 유통 과정이 단순화되었습니다. 중간 유통이 빠지고 제조 업체와 고객만 존재한다고 할까요? 인터넷은 유통, 홍보, 고객 정보 수집, 금전 거래를 통합했습니다. 최근에는 AI를 활용해 맞춤형 서비스를 제공합니다. 고객의 빅데이터를 모아서 고객이 관심을 가질 만한 맞춤 정보를 주기적으로 제공합니다. AI와 빅데이터 기술은 고객이 인터넷에서 클릭한 화면이나 상품들을 범주화하고 소비 패턴을 파악해 상품이 필요할 때마다 마케팅 정보를 제공하는 수준까지 발달했습니다. 이런 흐름 속에서 경영자는 오프라인과 온라인 전략을 동시에 고려해야 하며 오프라인 전략의 효율성, 온라인 전략의 신속 대응성에 집중해야 합니다.

5. 상품의 특성

경영자는 상품의 특성을 반영한 운영 전략을 통해 시장을 공략해야 합니다. 예를 들어 골프공은 가격 특성상 원가 주도 전략을 세워야 합니다. 골프공은 소비자들이 소모품으로 인식하기 때문에 표준화된 제품으로 적절한 품질 선에서 유연성을 갖기 위해 노력해야 합니다. 이에 따라 생산라인 운영 등에서 효율성을 갖추기 위해 집중합니다. 반면에 고가 골프채는 차별화 전략을 사용합니다. 골프채는 고가인 데다, 소비자는 한번 익숙해진 골프채를 잘 바꾸지 않기 때문입니다. 이를테면 살 때 신경을 많이 쓰는 고관여 상품인 셈입니다. 따라서 기업은 품질과 원가를 유지하면서 특징적인 제품을 생산해 내려고 합니다. 또한 숙련 작업자를 배치하고 유행에 따라갈 수 있도록 유연한 공정 시스템을 선호합니다. 작업자나 개발자의 교육 훈련을 중시하고 브랜드 이미지에 많은 투자를 합니다.

공통적으로 시장에서 성공하기 위해선 고객이 만족할 만한 서비스나 제품을 생산해 내야 합니다. 주문부터 공급까지 소요 기간을 계산해서 이를 기초로 생산 · 판매 · 유통 비용을 고려해야 합니다. 또한 신제품이 기존 제품과 얼마나 겹치는지, 기존 생산라인이나 디자인 등을 얼마나 활용할 수 있는지를 따져 중복 투자를 막고 생산의 유연성을 고려해야 합니다.

6. 스포츠 상품 개발

I) 수명주기

새로운 상품은 기업을 성장시키고 경쟁력을 키워 줍니다. 이를 위해 많은 기업은 고객의 니즈를 만족시킬 수 있는 상품, 경쟁업체에 비해 우위를 확보할 수 있는 상품, 새로운 고객을 창출해 낼 수 있는 상품을 만들어 내려고 노력합니다.

스포츠 상품을 포함한 모든 상품은 수명 주기가 있습니다. 보통 도입기 · 성장기 · 성숙기 · 쇠퇴기에 따라 이익이 발생하는데 투자 대비 이익을 비교합니다. 신규 상품의 도입기에는 초기 투자 자본도 많고, 이익보단 투자가 주어서 손실이 큽니다. 하지만 이를 극복하면 손익분기점에 따라 성장기로 가는 지점이기 때문에 경영자라면 자사 상품의 가능성을 발굴하고 성장기를 거쳐 성숙기에 접어들 수 있도록 노력해야 합니다. 하지만 많은 상품이, 유행이 지나 성숙기에서 쇠퇴기에 접어들거나 전략 실패로 도입기에서 성장기로 진입하지 못하는 경우가 많습니다. 이때 경영자는 이 상품을 개선할 것인지 아니면 다른 신규 상품을 개발할 것인지 판단해야 합니다. 수명 주기에 따라 상품 개발 전략은 수정되고 개선되고 진화합니다. 경영자는 이에 따른 변수나 외부 환경적인 요소 등을 항상 파악해야 하며, 리스크에 대비하기 위해 유연성과 결단력을 가져야 합니다.

새로운 제품을 개발하거나, 신규 서비스를 제공하기 위해서는 기간에 따른 계획을 세워야 합니다. 보통 단기는 1년, 중기는 5년, 장기는 10년 이상으로 봅니다. 또한 갑작스러운 환경 변화에 따른 혁신은 필요에 따라 비연속적으로 이루어질 수 있습니다. 예를 들어 최근 코로나 사태 등에 따라 비상경영 등 비연속적 혁신을 선언한 기업이 많았습니다. 덧붙여 이런 분위기에 따라 기존 상품의 유연한 변화도 요구됩니다.

2) 성공요인

스포츠 상품이 성공하려면 우선 새로운 아이디어를 구현할 연구·개발 능력, 경영자의 관심과 새로운 상품을 생산할 능력이 필요합니다. 또한 투자비용을 감당할 재무 능력과 성공 확률을 높여 줄 마케팅 능력 등이 요구됩니다.

시장에서 고객의 니즈(needs) 파악은 아무리 강조해도 지나치지 않습니다. 기업의 철학과 일관된 포지셔닝을 구축하고 고객이 원하는 성공할 만한 상품에 선택과 집중을 해야 합니다. 우선, 고객과 기업의 철학에 맞게 신규 상품의 콘셉트를 정합니다. 투자비가 많이 들어가는 사업일수록 연구 조사, 대체안 조사, 소비자 조사 등 다양한 조사를 진행하여 시행착오를 줄입니다. 예를 들어 시제품을 만들어 몇몇 소규모 시장에서 파일럿 테스트를 해 보는 것은 신규 상품의 경제성, 시장성을 간접적으로 파악할 수 있는 기회입니다. 그리고 예비 설계와 시범 생산을 통해 품질관리에 최선을 다하여 상품의 신뢰성을 높입니다. 이런 과정을 통과한 후 기업의 인프라에 맞는 설비와 공정 흐름을 선택하여 최종 설계를 하고 생산 계획을 세워 스포츠 상품 생산에 들어갑니다.

3) 수요예측

비즈니스는 기본적으로 최소비용으로 최대효과를 내는 일입니다. 이를 위해서는 상품의 수요를 잘 예측해야 합니다. 수요예측은 제품이나 서비스에 대한 미래 고객 수요를 추정하는 활동으로 정확한 수요예측은 기업의 이익을 극대화하는 데이터가 됩니다. 만약 기업이 새로운 상품에 대해 수요예측에 실패한다면 어떻게 될까요? 예를 들어 스포츠 경기에서 수요가 공급보다 많다면 티켓이 부족해 판매 기회를 잃고, 고객이 이탈할 수도 있습니다. 반대로 공급이 많다면 티켓이 넘쳐나 이를 처리하기 위한 비용이 불어날 것입니다. 따라서 이러한 손해를 최소화하기 위해 예측치를 전망할 땐 평균기

대치와 예측오차를 포함하여 대비합니다. 또한 단기예측보다 장기예측으로, 개별 품목 예측보다 총괄예측으로, 인구통계학적 요소와 특정 소비자 집단에 대한 수요 규모를 반영하려고 합니다.

또한 미래에 대한 변수가 많기 때문에 작년 실적을 통한 과거 수치의 계량적 분석, 전문가들의 경험을 통한 현장 예측, 여러 가지 시뮬레이션을 통한 계량 예측 등을 통해 의사결정을 하게 됩니다.

예를 들어 스포츠 협회에서 내년 사업 계획을 세우며 경기 운영 목표치를 세울 때 입장 인원이나 수익 관련 요소들을 수치화하여 경기 계획을 수립할 것입니다. 이를 바탕으로 세운 총괄 운영 계획은 더 세분화된 사업 계획이라고 보시면 될 것입니다. 각 팀의 경기 소화력을 고려해 정교한 일정을 세워야 실제 현장에서 시행착오가 줄어듭니다. 이런 일정을 바탕으로 선수·팀·홍보 등 다양한 투입 요소가 결정되고 세부 일정을 수립합니다. 결국 스포츠 비즈니스 운영계획에서는 수요예측이 가장 기본이자 중요한 부분입니다.

4) 품질극대화

신상품이 출시될 때 가장 신경 써야 할 것이 품질입니다.

품질은 고객 만족 및 신뢰도와 연계되고 브랜드 이미지에도 많은 영향을 미칩니다. 현대자동차는 10년간 무상 수리 등 품질 경영으로 브랜드 가치를 제고하였습니다. 고품질 제품은 고객 만족으로 이어지며 이에 만족한 고객은 제품을 재구매하거나 타인에게 추천합니다. 이는 기업의 매출 증대로 이어집니다.

소비자가 지불하는 가격보다 더 큰 만족감을 느끼려면 품질이 우선되어야 합니다. 이를 위해 구매 · 제조 · 기술 · 영업 · 인사 · 총무 등 다양한 부서가 최고 경영자의 리더십 아래 전사적으로 협력하여 경제적으로 개발 · 설계 · 생산 · 검사를 수행한 서비스와 상품을 제공해야 합니다. 이렇듯 종합적 품질관리 시스템이 정교하게 돌아가야 고객이 만족할 만한 품질의 제품을 생산할 수 있습니다.

제 4 장

스포츠 재무론

1. 스포츠 재무론

스포츠 비즈니스에서 재무 분야는 아무리 강조해도 지나치지 않습니다. 꼭 재무 전공자가 아니라도 사업 타당성 등을 분석하고 이해하려면 재무관리 기초지식이 필수적입니다. 또한 기업에서 가장 중요한 돈의 흐름을 파악하여 자금이 어떻게 투자되고 사용되는지를 알 수 있습니다. 이번 장에서는 회계의 기초를 알아보고 다양한 재무지식을 통해 비즈니스를 객관적으로 바라보는 능력을 키우고자 합니다.

재무회계가 무엇일까요? 쉽게 말하면 돈, 숫자, 계산 용어 등을 통해 정보를 파악하는 것입니다. 회계 즉, 돈. 숫자의 언어는 기업 정보를 객관적인 숫자로 표현해 줍니다. 예를 들어 여러분이 스포츠 기업에 투자하거나 협력할 기회가 있다면 경영상에 문제는 없는지, 투자할 가치가 있는지를 살펴봐야 합니다. 심지어 여러분이 취직할 회사의 경영 상태를 분석해 재무구조가 얼마나 튼튼한지를 알아볼 수도 있습니다. 요약하면 재무회계는 비즈니스로 발생되었던 일들을 숫자로 전달하는 일입니다. 또한 정보 이용자의 경제적 의사결정에 유용한 정보를 제공하기 위해 기업 실체에 관한 내용을 식별, 측정, 보고하는 역할을 합니다.

2. 재무관리

스포츠 재무관리는 관련 자본을 합리적으로 조달하고 조달된 자본을 효과적으로 운용·관리하는 것을 말합니다. 이를 통해 보유 자본의 미래 수익성과 성장성을 예측하여 어디에 얼마만큼 투자할 것인가를 파악할 수 있습니다. 또한 새로운 자산을 구입하거나 투자 계획을 수행하기 위해 필요한 자본을 어떻게 조달할 것인가도 결정할 수 있습니다. 이러한 스포츠 기업의 자본과 관련된 모든 경영활동과 기업 운영을 위한 의사결정에 도움을 주기 위해 스포츠 기업의 재무 부서는 다양한 재무보고서를 작성합니다.

3. 재무보고서 종류

재무관리에 관련된 재무보고서는 사용 목적에 따라 구분할 수 있습니다. 첫째, 회계보고서와 금융보고서, 둘째, 외부 공시보고서와 내부 참고보고서, 셋째, 정태보고서와 동태보고서입니다.

우선 회계보고서와 금융보고서로 나눠 봅시다. 회계보고

서는 재무제표, 재무상태표, 손익계산서, 현금 흐름표가 있으
며 이 중 회계보고서는 가장 일반적이고 많이 활용되는 보고
서입니다. 여러분이 기업에 근무하고 있다면 이 정도는 기본
적으로 구별하고 읽을 줄 알아야 합니다. 이와 상대되는 보
고서가 금융보고서인데 보통 회계부 직원들이 많이 보기 때
문에 대중적이진 않습니다. 금융보고서는 단기·중기·장기
자금 계획을 만들어 자금을 효율적으로 관리하고 차입금이
나 금융자산 현황을 파악하기 위해 주로 만들어집니다. 금융
보고서는 기업을 전문화된 용어로 분석하며 자금의 수입과
지출을 한눈에 알아볼 수 있도록 작성하는 게 특징입니다.
예를 들어 단기자금수지계획표, 중기자금수지계획표, 장기
자금수지계획표, 금융현황표, 차입금현황, 금융자산현황 등
이 있습니다.

둘째, 외부 공시보고서와 내부 참고보고서로 나눌 수 있습
니다. 말 그대로 각각 외부에 공개하는 보고서와 내부용으로
만들어진 보고서를 말합니다. 기업마다 기업정보를 외부에
공개하여 기업의 가치를 나타내는데 회사의 외부감사에 관
한 법률(외감법)이나 유가증권시장 공시규정 등을 근거로 합
니다. 외부공시보고서에는 재무제표, 재무상태표, 손익계산
서, 현금 흐름표, 기타 등이 있으며 내부 참고보고서는 외부

공시보고서를 제외한 모든 보고서를 말합니다. 어느 정도 규모가 있는 기업들은 외부 공시를 통해 기업 정보를 공개하고 있습니다. 여러분이 관심 있는 기업의 가치를 손수 분석해보고 싶다면 기업 홈페이지 등에 공시되어 있는 보고서 등을 살펴보면 됩니다.

셋째, 정태보고서와 동태보고서로 구분할 수 있습니다. 정태보고서는 재무상태표와 금융현황표가 있습니다. 동태보고서는 손익계산서, 현금 흐름표, 자금수지표가 있습니다. 이 보고서의 차이는 일정 시점과 일정 기간에 따른 구분입니다. 한 예로 대차대조표는 일정 시점의 재무 상태를 나타내는 표로서 정태적 보고서에 해당합니다. 만약 직장 상사가 "모기업 대차대조표 뽑아 와."라고 시키면 그 시점을 기점으로 대차대조표를 가져와야 합니다. 동태적 보고서인 손익계산서, 이익잉여금 처분계산서, 현금 흐름표는 각각 일정 회계 기간의 경영성과. 이익잉여금의 변동, 현금 흐름을 나타내는 표이기 때문에 기간이 중요합니다.

4. 기업활동과 재무제표의 관계

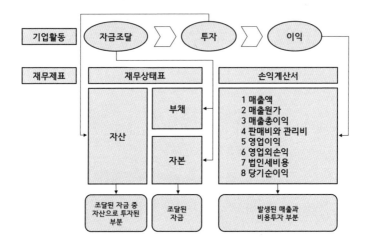

기업활동은 사업을 위해 자금을 조달하고 이를 기반으로 투자하고 이익을 얻는 과정을 말합니다. 기업은 경영 과정의 효율적 운영과 평가를 위해 기업활동 과정을 숫자로 기록하며 주로 회계부서에서 재무상태표와 손익계산서를 통해 표현합니다.

l) 기업활동

기업활동을 위해선 자금이 필요합니다. 스포츠 비즈니스에서 자본이란 비즈니스를 가능하게 하는 재원으로 운용 자본, 시설물 설립 및 유지비, 팀이나 구단주 운영비 등이 해당됩니다. 자금 조달은 크게 내부 자금 조달과 외부 자금 조달로 분류할 수 있습니다. 내부 자금 조달은 불확실성 대비 또는 사업 재투자를 위한 사내 유보액을 생각할 수 있습니다. 반면 외부 자금 조달은 외부의 직접금융 또는 간접금융을 통해서 조달하는 방법입니다. 직접 금융은 주식, 채권 발행, 기타(회원권, 기금, 스폰서십) 등이 있으며 간접 금융은 은행 차입이나 기업 어음, 매입 채무 등이 있습니다.

경영자는 모인 자본을 기반으로 가능성이 높은 사업에 투자합니다. 물론 자본이 한정되어 있기 때문에 투자에는 선택과 집중이 필요합니다. 투자된 자본은 이익으로 환원되도록 노력해야 합니다.

2) 재무제표

재무제표는 경영활동을 수행하는 데 따른 자본의 흐름이나 상태를 나타내는 표로 재무상태표와 손익계산서 등을 의미합니다. 재무상태표는 특정 시점의 스포츠 기업 재무 상태를 명시하기 위해 자산·부채·자본 현황을 집계하여 작성하는 표입니다. 기간별로 요약한 회계보고서로, 정보 이용자인 투자자·채권자·주주·정부 등의 경제적 의사결정에 활용될 수 있습니다.

손익계산서는 일정 기간의 경영성과를 나타내기 위해 어떠한 비용을 사용했는지, 이익이 얼마나 발생했는지 등을 나타내는 계산표를 말합니다.

재무제표의 대표 보고서인 재무상태표와 손익계산서 이외에 일정 기간 자본의 변동 정보를 나타내는 자본변동표, 일정 기간 현금 유입과 유출을 나타내 현금 흐름 성과를 나타내는 현금흐름표가 있습니다.

□ 재무상태표

재무상태표를 볼 때 자산은 자본과 부채의 합이라는 구조로 이해하시면 좋습니다. 즉, 재무상태표는 자산(차변)과 부채, 자본(대변)으로 나눌 수 있는데 이들의 총계는 일치합니다. 또한 자산은 유동 자산과 비유동 자산, 부채는 유동 부채와 비유동 부채(고정 부채)로 또다시 구분될 수 있습니다.

○ 자산

자산은 유동 자산과 비유동 자산으로 구분할 수 있습니다. 유동 자산은 당장 현금화할 수 있는 자산으로 결산일로부터 1년 또는 정상 영업 주기 이내에 현금화가 가능한 자산입니다. 유동 자산은 다시 당좌 자산과 재고 자산으로 분류됩니다. 당좌 자산은 즉시 현금화가 가능한 자산으로 현금 및 현금성 자산, 단기 금융상품, 매출채권 등이 있습니다. 재고 자산은 생산 및 판매과정을 거쳐 현금화가 가능한 자산으로 상품·제품·반제품 등이 있습니다.

비유동 자산은 유동 자산에 해당하지 않는 자산으로 결산일로부터 1년을 초과하여 보유하게 될 자산을 말합니다. 예를 들어 기업활동과 관련 없는 투자 부동산, 장기 금융상품, 매도 가능 증권, 만기 보유 증권 등이 있습니다. 또한 기업활동과 관련 있는 유형 자산인 토지, 건물, 기계 장치 등과 무형자산인 영업권, 산업재산권, 개발비 등이 있습니다. 이 외 기타로 이연법인세 자산, 보증금 등이 있습니다.

○ 부채

부채는 유동·비유동 부채로 구분되며 유동 부채는 재무상태표일에서 1년 또는 정상 영업 주기 이내에 지급하여야 하는 부채 즉, 1년 안에 갚아야 하는 부채(빚)입니다. 예를 들어 외상대금을 말하는 매입채무,

차입 기간이 1년 이내인 단기차입금, 대금지불을 하지 않은 미지급금 등이 있습니다.

기업은 유동 부채를 1년 또는 정상적인 영업 주기 내에 어떠한 형태로든 상환하려고 합니다. 상환 능력은 곧 기업의 능력으로 판단되기에 적시 상환을 위한 현금 흐름 관리가 중요합니다.

비유동 부채는 장기적인 빚을 의미합니다. 만약 거액의 설비투자를 해야 하는데 돈이 부족하다면 어떻게 자금을 조달할까요? 유형 자산을 팔까요? 당장 현금화하기 어려울 것입니다. 단기 채무로 조달할까요? 이것도 자금 사정이 악화될 수 있습니다. 보통 거액이 소요되는 설비투자 같은 경우 주식발행과 같은 자기자본 조달이나 지급기일이 1년 이후에 도래하는 비유동 부채를 활용합니다. 예를 들어 사채처럼 회사에서 증권을 발행하고 돈을 유치할 수도 있고 아니면 은행 등을 통해 장기 차입금이나 장기 매입 채무를 활용할 수 있습니다.

○ 자본

자본이란 내가 가지고 있는 돈에서 빚을 뺀 것을 말

합니다. 다른 말로 순자산이나 자기자본이라고도 합니다. 기업에선 자본의 효율적 투자 및 축적을 위해 많은 노력을 기울입니다. 자본의 예로 주식회사라면 발행주식의 액면가액 합계를 말하는 자본금, 자본거래에서 발생한 자본거래 잉여금, 주식 발행 초과금, 기타자본잉여금(감자차익, 기타자본잉여금 등)이 있습니다. 이외 자본조정(자본에 가산하거나 차감되어야 하는 항목), 기타포괄손익 누계액(당기순손익에 포함되지 않으나 순자산 변동을 발생시키는 항목), 이익잉여금(사외에 유출되지 않고 사내에 남아 있는 이익)이 있습니다.

□ **손익계산서**

기업활동을 통해 투자 이익이 발생했다면 손익계산서를 통해 한눈에 알아볼 수 있도록 기록합니다. 손익계산서는 기업의 중요 정보를 자세히 전달해 주는 역할을 합니다. 손익계산서는 보통 1년 단위로 기록하는데 단기간 사업 계획, 실행, 평가의 주기를 따르기 때문입니다. 연말에 이런 보고서 등을 활용해 성과를 평가하고 내년에 투자를 확대할지, 줄일지 판단할 수 있습니다. 즉, 기업의 손익계산서는 이익과 손실을 단계적으로 보여 줌으로써 정보 이용자들의 의사 결정을 돕습니다.

5. 사업 타당성

사업을 위해서는 정책 결정자들이 평가를 해야 합니다. 이 사업이 투자할 가치가 있는지 타당한지를 꼼꼼히 살펴 1년 농사 아니면 미래의 먹거리를 찾기 위해서 노력합니다.

우선 사업의 투자 가치를 판단하기 위해 어디서 자본을 조달해서 어디에 어떻게 사용할 것인지, 어떻게 수익을 낼지, 현금 흐름 등을 평가합니다. 그리고 실현 가능한지, 정말 수익이 날 것인지 등 사업의 경제성을 평가합니다. 만약 중요도가 높고, 더 많은 예산이 투자되는 상황이라면 재평가를 통해 신중을 기합니다. 평가 과정에선 측정된 모든 현금흐름이 고려되어야 하고 적절한 할인율을 사용하여 화폐의 시간가치를 반영하여야 합니다. 특히, 기업의 가치를 극대화하고 미래의 먹거리를 발견하기 위해 최선을 다해야 합니다.

□ 사업 타당성 분석 절차

사업 타당성 분석 절차로 첫째, 경영 전략적 분석을 해야 합니다. 기업이 장기적으로 추진하고자 하는 정책의 방향이나 미래 포트폴리오(Portfolio)와 관련이 있는지, 효율성을 위해 기존 사업이 확대될 가능성이 있는지, 프로젝트 수행 시기가 적절한지 등을 판단합니다. 또한 실행을 위한 합작·인수·합병 등 전략적 대체안에 대한 비교 분석이 되어 있는지를 살펴봐야 합니다. 결국, 프로젝트를 성공시킬 가장 중요한 요소가 무엇이고 그 방법은 무엇인지를 파악하는 과정입니다.

둘째, 시장 분석입니다. 프로젝트의 시장 규모와 전망, 국내외 수요 공급 현황, 향후 전망이나 시장의 타당성에 대한 분석이 필요합니다. 어떻게 판매할 것인지 신생 시장에 대한 판매계획을 세우고 경쟁 우위 항목 등을 점검해 경쟁력을 파악해야 합니다.

셋째, 제품 생산 및 기술 분석입니다. 생산 노동력 확보, 공장 입지와 원료, 생산 기간 등 경쟁 우위 요소 및 기존 기술 체계와의 연계성 및 파급효과를 파악합니다. 또한 동종 업계 대비 생산 능력이나 생산 계획 등을 파악해 제조원가를 추정합니다.

넷째, 재무 분석입니다. 사업 예산을 기반으로 추정 재무제표를 작성해 토지 · 건물 · 기계장치 · 보증금 등 시설투자비를 추정해 봅니다. 현금이나 매출채권, 재고자산 등 운영 자금의 현금흐름을 분석해 경제성을 평가합니다. 손익분기점을 시뮬레이션하여 리스크를 분석해 보고 다양한 기법으로 투자안의 경제성을 평가해 봅니다.

이런 사업 타당성 평가 과정을 거쳐 중복 투자를 줄이고 프로젝트의 성공률을 높일 수 있습니다. 또한 한정된 재화를 효율적으로 운용하는 동시에 시행착오를 줄이고 효과적으로 투자를 유치할 수 있습니다.

6. 사업 예산

비즈니스에는 예산이 반드시 수반되며 기업은 이를 치밀하게 계획해야 합니다. 자원은 언제나 한정되어 있기 때문에 부서별로 사업 예산을 더 확보하기 위해 경쟁합니다. 즉, 사업 예산은 비즈니스에서 중요한 요소 중 하나이며 재정적 변화에 대한 계획 수립입니다.

사업 예산서에는 목표 달성을 위한 예상 지출, 스태프 구성, 운영 가능 자금과 수입 등을 기록합니다. 과도한 예산 수립을 방지하기 위해 우선순위를 정해 표준화 · 단순화하여, 운영의 비효율성을 제거할 수 있습니다. 또한 사업 예산서는 스태프에게 비즈니스 가이드라인이 됨과 동시에 나중에 운영 효율성을 평가하는 데 실질적인 데이터가 됩니다. 물론 사업 결과 분석이 추후 사업을 통제하는 수단이 될 수 있는 것도 사실입니다. 스포츠 경영자는 기본적으로 연간 예산의 준비와 예산의 입증, 승인된 예산의 지출과 분배에 대한 통제 능력이 있어야 합니다.

□ **사업 예산 수립 과정**

사업 예산을 수립할 때는 우선 과거수입과 지출, 가격과 수수료의 변화, 마케팅 조사 결과 및 예측, 현재 프로모션과 광고 전략 및 브랜드 이미지, 경제적인 상황 변화 등을 고려해야 합니다. (Bendit and Koehler, 1991)

과정별로 살펴보면 우선 1단계로 사업과 기업의 임무 · 목적 · 목표인식을 일치시켜야 합니다. 자신이 하려고 하는 사업이 기업의 목표와 다른 방향으로 간다면 설득력이 떨어질 것입니다. 보통 사업 예산의 방향을 정할 때 기업의 비전이나 목표와 관련이 있고 기존 사업을 활용하거나 파생시킬 수 있는 사업이 유리합니다. 이런 형태의 사업은 기존 인프라도 활용할 수 있어 초기 투자비용을 절감할 수 있으며 타 기업 대비 효율성이나 전문성을 극대화할 수 있기 때문입니다.

2단계로 기업의 장점과 자원을 조사해야 합니다. 또한 예산편성에서 전문가와 경험자들의 데이터를 반영하고 심사하여 성공 확률을 높여야 합니다. 그리고 사업을 실행하였을 때 성공확률이 높다는 근거를 기준(정확성, 실행 가능성, 객관성)에 부합되게 기록해야 합니다.

3단계에선 정책결정자인 주요 인사들이 예산의 예비평가를 수행합니다. 1·2단계에서 언급했던 것들을 충실히 실행하였다면 설득력이 커질 것입니다. 이후 본심사 등을 거쳐 예산이 확정되고 사업 실행 인프라 등이 구축됩니다.

4단계에선 사업 예산서에 맞춰 비즈니스를 실행합니다. 단, 사업 예산에서 계획한 지침대로 시행착오를 줄이면서 진행해야 합니다. 특히 금전적인 거래나 투자 등은 아무리 신중해도 지나치지 않습니다.

5단계, 사업 예산의 실행이 끝났다면 사업 예산 사용에 대한 회계감사(피드백)가 이뤄집니다. 비즈니스에서 예산의 사용은 민감하고 중요한 부분입니다. 이에 대한 피드백을 통해 개선하거나 확대해야 할 부분을 정하고 내년이나 중장기적 예산을 배정합니다. (Stier, 1999)

제 5 장

스포츠 기업구조와 실무

1. 스포츠 기업구조

스포츠 비즈니스에서 스포츠 기업구조들의 다양한 기능과 역할들을 살펴보는 것은 가치가 있습니다. 기업구조의 기본은 이념과 목표를 달성하기 위해 자원과 인프라를 최적화하는 것입니다. 기업구조를 분석해 정보 흐름과 의사 결정 구조에 따른 책임범위 등을 파악할 수 있으며 결정 권한에 따라 부서나 구성원들을 이해하는 데 기초가 됩니다.

2. 스포츠 기업구조의 영향

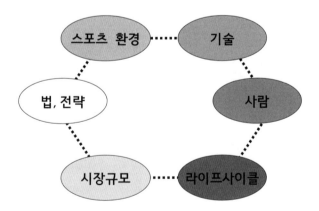

스포츠 기업구조는 다양한 요소들에 의해 영향을 받습니다. 스포츠 환경, 기술, 사람, 라이프 사이클, 시장규모, 법·전략 등 6가지 요소들이 대표적인 예입니다.

1) 스포츠 환경

스포츠 환경의 불확실성 수준에 따라 기업구조의 융통성·유연성이 정해집니다. 예를 들어 스포츠 환경이 안정적이어서 리스크를 어느 정도 예측 가능한 기업은 기계적이고 수직적이거나 관료적이기 쉽습니다. 보통 정부 관련 기관이나 공기업이 그렇습니다. 반대로 스포츠 환경이 불확실하다면 기업구조는 다양한 리스크에 대비하기 위해 융통성 있고 유연할 것입니다. 이를테면 벤처기업이나 사기업 등은 상대적으로 기업구조가 유기적이거나 수평적이어서 리스크 변화에 대응과 적응이 쉬운 구조입니다.

2) 기술

기술은 기업구조에 영향을 미칩니다. 기업 입장에서 기술의 발전은 기존 그 역할을 하던 부서나 조직에 많은 영향을 미치고 인력 구조뿐 아니라 기업 전체 구조까지 변화시킵니다. 예를 들어 최근에 24시간 무인 가게들이 많이 생겨나고 대형 마트에는 고객 스스로 계산하는 공간이 생겨나고 있습니다. 이로 인해 24시간 시스템을 관리하는 부서와 셀프 계산 공간을 담당하는 부서가 새로 조직되어 고객들이 변화에 쉽게 적응하도록 관리할 것입니다. 반면에 기존 인력이나 부서는 조정되거나 개편되는 변화가 있을 겁니다. 기술은 기업 입장에서 새로운 일자리를 창출하기도 하지만 기존 일자리의 진화를 강요하기도 합니다.

3) 사람

창의적인 정보·지식 근로자가 많다면 유기적인 기업이기 쉽습니다. 기업 문화가 자율성을 강조하고 창의적인 근로자에게 책임과 권한을 부여하기를 선호한다면 기업구조의 융통성이 높습니다. 보통 구글처럼 IT 기업이 이런 기업구조를 많이 선택합니다. 반대로 관리자의 책임과 권한을 강조하고 종업원의 권한을 축소하면 기계적이거나 보수적인 구조가 되기 쉽습니다. 군대나 제조업 분야처럼 빠른 의사결정과 많은 분야의 신속한 관리가 중요한 사업일수록 이런 구조가 유용합니다.

4) 라이프 사이클

기업의 라이프 사이클(형성기·중년기·장년기)에 따라 기업구조가 변합니다. 기업 형성기엔 보통 소자본에 가족 경영 또는 소규모 부서로 시작합니다. 신생 기업이기 때문에 내규가 미비하고 거의 소유주가 의사결정을 주관합니다. 물론 업무 분장도 어렵습니다. 하지만 성장기로 진입하면 인프라와 구성원이 증가합니다. 이러면 노동 분화가 시작되고 이를 통제하기 위해 각종 내규가 신설됩니다. 이는 중앙집권적 의사결정의 기반이 됩니다.

다음은 중년기입니다. 기업이 번창하고 규모가 확장됩니다. 업무가 전문화되고 지원 부서도 신설됩니다. 통제 시스템도 강화되어 권한을 분산시켜 효율적으로 관리시킵니다. 물론 기업이 커진 만큼 유연성도 감소되고 혁신성도 감퇴하는 경향이 있습니다.

기업이 장년기에 들어가면 대규모 기업이 되고 훨씬 기계적인 기업이 돼 통제 시스템에 의존하게 됩니다. 성장한 만큼 업무 세분화가 가속화되면서 전문화됩니다. 물론 책임이 방대하게 분산되어 있기에 기업구조에 병폐가 발생할 수 있습니다.

5) 시장 규모

시장 규모는 기업구조에 많은 영향을 미칩니다. 큰 시장에 진출해 있는 대기업들은 보통 내규 등 체계화된 규칙에 의해 기업을 통제하고 업무에 따른 책임이 분화되고 전문화되어 있습니다. 규모가 크기 때문에 관료적이거나 기계적이거나 수직적 구조가 많습니다. 더 큰 시장에서 빠른 의사결정을 하기 위해서는 체계적인 기업구조가 필수적이기 때문입니다.

반대로 작은 시장을 목표로 하거나 대기업과 상생하는 기업들은 더 유기적이고 수평적이면서 적응적인 기업구조가 많습니다. 규칙이 적어서 노동 분화가 상대적으로 미약하지만 상황에 따라 창의성을 발휘할 수 있는 장점이 있습니다.

6) 법, 전략

신생 법안으로 신사업이나 새로운 전략이 필요하다면 이를 전담하는 부서나 기관도 생겨 기업구조에 영향을 줍니다. 예를 들어 2012년에 대통령령으로 말산업 육성법이 생겼습니다. 이는 말산업을 활용해 국민 소득 및 레저 수요를 증가시키기 위한 법입니다. 농림축산식품부에선 관련 계획을 총괄적으로 수립하고 전국 지방자치단체들과 말산업 육성 전담

기관이 사업을 수행합니다. 이로 인해 다양한 승마 관련 산업들이 생겨나고 담당기관이나 관련 기업에 일자리가 생깁니다. 결국, 법이나 전략들은 일자리를 창출시키고 기업구조를 바꿉니다.

3. 기업구조 개편

1) 세분화

기업이 커지거나, 새로운 사업을 진행해야 하거나, 경영 환경이 변화한다면 기업구조 개편이 필요합니다. 단, 기업의 목표는 유지하면서 혼란을 최소화하고 개인의 역할과 책임을 효율적으로 배분해야 합니다. 기업구조 개편 시 조직의 세분화는 수평적 · 수직적 · 지역적 세분화로 나눌 수 있습니다.

첫째로 수평적 세분화는 기능 범위에 따라 구체적으로 세분화하는 것입니다. 예를 들어 영업부서는 영업기획과 영업관리로 쪼갤 수 있고, 영업기획은 판매기획 · 상품기획 · 광고기획 · 유통기획 등으로 더 나눌 수 있습니다. 기업의 규모가 커지거나 중요도가 높아질수록 역할과 책임을 수평적 · 효율적으로 배분하는 것입니다. 하지만 이 때문에 전문가를 고용하고 신규 부서를 신설해 규모가 커질수록 부서 간 갈등도 늘어날 수 있어 서로 간 커뮤니케이션이 필요합니다.

둘째로 수직적 세분화는 의사 결정과 책임 영역의 범위에 따라 계층을 나누는 것입니다. 보통 큰 기업에서 관리의 한계로 인해 수직적인 통제·감독 시스템을 갖추는 것인데, 계급으로 생각하면 될 것 같습니다. 이를테면 스포츠 구단에는 연습생부터 후보·선수·코치·감독·단장까지 계층이 있으며 계층에 따라 의사결정권과 책임 범위가 구분되는 특징이 있습니다.

다음은 지역적 세분화입니다. 지역별 범위에 따라 세분화하는 것입니다. 스포츠 시장이 글로벌화됨에 따라 공간의 한계를 뛰어넘어 관리하거나 운영할 수 있는 기업구조가 요구됩니다. 세계 각지로 상품 수출 및 영업을 진행해야 해서 지역별 프랜차이즈를 설립하는 등 다양한 기업구조 변화가 일어납니다. 하지만 물리적 거리라는 한계가 있으므로 이를 관리하기 위해선 효율적인 통제 기능이 요구됩니다.

2) 집권화

기업에서 수평·수직·지역적 분화가 진행될수록 커뮤니케이션과 협조는 더 중요해집니다. 특히 통제 권한이 중요한데 어떤 사안에 대해 의사 결정을 하고 그에 따르도록 하는 합법적이고 공식적인 권리입니다. 권한은 보통 기업의 상층부에 집중되어 있고 중대한 의사결정 및 통제 권한을 갖습니다. 반대로 기업의 하층부에는 간단한 의사결정 및 명령지시권이 대폭 위양되어 있습니다. 스포츠 경영자는 이에 대한 권한을 조절해 기업구조를 효율적으로 운영하고 설계할 수 있습니다.

3) 공식화

공식화는 스포츠 기업에서 업무(직무)가 얼마나 표준화되어 있는지, 업무의 목적에 부합되게 취할 수 있는 수단과 행동이 얼마나 구체적으로 제시되어 있는지를 말합니다. 직무의 표준화 및 행동양식의 공식화 정도가 낮을수록 비공식적 기업이나 벤처기업, 연구·개발 부서, 관리계층입니다. 반대로 표준화 및 구체화 정도가 높을수록 공식적 기업이자 제조부서, 실무계층일 가능성이 큽니다.

4) 개편

개편은 기업의 과업과 목표를 위해 여러 다른 하위 체계를 조정하는 과정을 말합니다. 개편은 과업의 분화와 통합을 통해 효율성을 극대화하고 효율적인 구조를 만드는 데 목적이 있습니다. 예를 들어 기업에서 새로운 프로젝트를 진행한다면 그 프로젝트를 위한 TF팀을 구성합니다. 이후 평가체계 구축을 통해 연관이 있는 사업부서 간에 동일 평가나 포상을 설계해 시너지를 내게 합니다. 이는 자칫 소홀해질 수 있는 부서 간 커뮤니케이션을 극대화하기 위해서입니다. 또한 평가체계에 근거하여 인프라를 구축하고 관련된 업무와 기술을 표준화해 시행착오를 줄이고 효율성을 높입니다.

4. 관련 이론

민츠버그의 구조이론은 기업구조를 이해하는 데 도움이 되는 이론입니다. 이론을 이해하기 위해선 우선 기본구조를 알아야 합니다. 기본구조는 직접 가치를 창출하는 계층과 이를 효과적으로 지원하는 계층으로 나눌 수 있습니다. 기업의 부서 단위가 크게 전략을 설계하는 기획 부서와 이를 지원하거나 운영하는 부서로 나뉘는 것과 유사합니다. 전략을 짜거나 통제하는 전략 부문(Strategic apex), 이를 직·간접적으로 지원하는 직접 지원 시스템(Technocraft)과 간접 시스템(General staff), 전략을 실행하는 핵심 운영 부문(Operating core)과 관리 및 운영을 전담하는 중간 관리 계층(M.L) 등으로 구분합니다.

분류	1.단순구조 (simple structure)	2.기계적 관료제 구조 (machine bureaucracy)	3.전문적 관료제 구조 (professional bureaucracy)	4.다변화 구조 (divisionalized form)	5.애드 호크러시 (adhocracy)
민츠버그 (Mintzberg)의 구조도					
조정수단	직접 감독	업무표준화	지식/기술의 표준화	산출물의 표준화	상호조정
조직의 중요부문	최고관리층	기술구조	핵심운영층	중간관리층	스텝
상황요인 역사 규모 기술 환경 권력	신생조직 소규모 단순.비규제 단순.동태.적대 최고관리자	오래된조직 대규모 비교적단순 단순.안정 기술관료	- 가변적 다양함 복잡.안정 전문가	오래된조직 대규모 가변적 단순.안정 중간관리층	신생조직 가변적 매우 복잡 복잡. 동태 전문가
구조요인 직무의 전문화 공식화 통합/조정 의사결정	낮음 낮음 낮음 집권화	높음 높음 낮음 제한된 수평적 분권화	높음(수평) 낮음 높음 제한된 수직적 분권화	중간 높음 낮음 제한된 수직적 분권화	높음(수평) 낮음 높음 선별적 분권화

※ 〈조직학의 주요이론〉을 바탕으로 필자가 작성

이 기본구조를 바탕으로 조직 구조를 다섯 유형으로 구분할 수 있습니다.

첫째, 단순구조(Simple structure)는 직접 지원 시스템 (Technocraft)과 간접 시스템(General staff)이 없거나 축소된 구조입니다. 기업이 정형화되어 있지 않아 신생 기업에서 많이 나타나며 최고 관리자에 대한 의존도가 큽니다. 빠른 의사결정이 가능한 반면에 직간접 시스템의 부재로 직무 전문화나 통합 조정 부분에서 효율성이 부족합니다.

예를 들어 야구공을 생산하는 기업인 경우 경영자 밑에 총무부·자금부·생산부·영업부를 두고 제품 생산부터 영업까지 운영할 수 있습니다. 물론 야구공의 종류나 생산량에 따라 이 구조는 더욱 세분화될 수 있습니다. 기업의 단순구조에선 상품 생산의 내적 효율성이나 기술 전문성, 질을 높이는 데 목표를 둡니다. 내부 체계는 정해진 목표를 달성하도록 구조화되어 있으며 권한은 각각 담당 중간 관리자에게 주어집니다. 구조가 효율적이고 기술 개발에 용이한 장점이 있습니다. 중간 이하 규모 기업에 적합하고 소품종 생산에 효과적입니다. 하지만 단점은 환경변화에 대응이 늦고 최고경영자의 의사결정에 크게 의존한다는 것입니다. 또한 부서별 상호조정이 필요하고 전체 기업목표에 대한 제한된 시각으로 혁신이 쉽지 않을 수 있습니다.

둘째, 기계적 관료주의(Machine bureaucracy)는 반복 업무가 많고 기업의 업무가 표준화되어 있어 특정 문제해결보단 정해진 업무의 효율성 극대화를 목적으로 합니다. 중간계층이 굉장히 비대해져 기업 자체의 운영 프로세스 고도화가 필요합니다.

한 예로 스포츠 의류 회사의 구조를 들 수 있습니다. 최고 경영자 밑에 기획조정실과 개발실이 있으며 제품별로 다양한 사업부를 둘 수 있습니다. 등산, 야구, 축구, 스포츠 웨어 사업부처럼 전문사업부가 있습니다. 물론 사업부마다 생산 · 기술 · 구매 · 영업 · 무역을 책임지는 부서가 있을 수 있습니다.

이러한 기계적 관료주의 구조의 기업은 유행에 민감해서 불확실성이 보통 이상입니다. 기업의 목표는 고객만족이며 내적으로는 제품 라인을 강조하고 관리자의 역할과 권한을 중요시합니다. 불안정하고 급변하는 환경에 대응하는 데 적합하며 제품에 대한 책임이 명확하고, 제품 · 판매지역 · 고객에 따라 기능 간 조정이 용이합니다. 대규모 기업에서 다품종 생산에 적합한 기업구조입니다. 하지만 제품라인 간 기능 조정 및 표준화가 곤란할 수도 있습니다.

셋째, 전문적 관료주의(Professional bureaucracy)는 핵심 운영 층의 전문성에 의존하는 구조입니다. 업무의 표준화가 부족해 개인의 전문성을 극대화해야 하고 이를 지원하기 위한 간접 시스템(General staff)의 역할이 큰 특징이 있습니다. 예로 연구소의 구조를 들어 보겠습니다. 연구소는 연구소장 밑에 다양한 과가 있습니다. 이러한 과들은 연구소의 핵심 운영층이며 전문성이 높습니다. 이러한 전문성을 극대화하고 지원하기 위해 행정업무를 보는 부서가 특화되어 있거나 다양한 지원 부서가 있습니다. 하지만 여타 기업구조처럼 이익을 우선하고, 업무표준화를 통해 종업원의 능률을 올리고 통제하거나 사업을 확장하는 것에 집중하진 않습니다.

넷째, 다변화구조(Divisionalized form)는 기업 집단에서 나타나는 형태입니다. 다양한 조직이 핵심 운영층에 독립적으로 구성되어 있으며 이들 간의 표준화가 쉽지 않아 상부 부서와 하위 부서를 조정하는 간접 시스템(General staff)의 역할이 중요합니다. 이를테면 CEO 밑에 기획실, 기술연구소가 있으며 그 외 많은 본부가 있습니다. 관리본부에는 총무부 · 경리부 · 자재부 · 재무부 등이 있어 기업 운영 관리를 담당하고, 영업본부에는 국내부 · 해외부가 있어 국내외 영업을 책임집니다. 상품사업본부는 제품개발 · 생산 · 유통을 담당하고 마케팅 본부에선 고객 서비스 및 마케팅 · 홍보를 담당합니다. 신사업본부에서는 신제품 사업부터 신사업 개발, 신사업 유통 등을 담당합니다. 이러한 다변화 구조는 대기업들의 일반적인 구조입니다. 소비자 욕구가 급변하고 사업이 확장되어 가는 시점에 다변화 구조는 사업 단위들을 관리하거나 필요한 자율권을 부여받아 운영되는 특징이 있습니다. 회사 내에 자주성을 갖는 경영 단위를 형성하고 분권화하면 불확실한 환경변화에 효과적이고 능동적으로 대처할 수 있습니다. 목표 달성에 초점을 둔 책임 경영 체제이면서 통제와 평가가 용이합니다. 또한 기업 구성원의 동기 부여와 관리자의 능력 개발에 용이한 장점이 있습니다. 하지만 복잡한 사업구조에 따라 중복이 있을 수 있어 관리 경비가 낭비될 경우가 있고 부서 간 간섭 및 갈등이 생기기도 합니다.

마지막으로 애드호크라시(Adhocracy)는 더 혁신적이고 빠른 기업 형태입니다. 중간계층이 직접 지원 시스템(Technocraft)과 간접 시스템(General staff)의 역할을 겸하고 있어 최종 실행 부서보다는 현안 해결 부서의 역할이 큽니다. 예를 들어 벤처기업에서는 팀별로 사업을 담당합니다. 보통 팀별로 사업 아이템을 운영하고 해당 사업의 모든 부분을 책임지는 구조입니다. 유기적이기 때문에 사업 아이템의 성과에 따라 전문가나 지원 부서가 보충될 수 있습니다. 급변하는 환경에 적응하기 쉽고 대처하기가 좋아 벤처 같은 신생기업에서 선호하고 있습니다. 단 성과가 중요하기 때문에 전문성이나 직무의 전문화가 강조됩니다.

5. 기업구조의 변화

기업은 경영 환경, 신규 사업, 기업 정책에 따라 매년 진화합니다. 그래서 회사 생활을 오래하신 분들은 이러한 변화의 차이를 몸으로 기억하고 계십니다. 예를 들어 보면 전통적 기업은 수직적 구조가 많았습니다. 부·과·처 등 계층별로 권한이 주어지고 업무가 분업화되어 있습니다. 이런 수직적 구조는 관리, 계획, 통제, 조치가 쉬워 군대나 공무원 조직에서 많이 찾아볼 수 있습니다. 반대로 요즘엔 수평적 기업구조로 많이 변화하고 있습니다. 팀 단위로 나뉘고 보상은 점점 능력제로 변화하고 있습니다. 관리자의 일방적 계획, 통제보단 팀 단위로 계획이나 통제, 조치가 이루어지고 관리자들에게는 팀원들의 동기를 촉진하는 역량이 중요해집니다.

현대 조직은 단위기업인 팀제로 운영되기에 특정 과업을 수행하고 성과를 내는 것이 팀의 목적입니다. 하지만 성과에 집중하다보면 부서 이기주의 등의 통합 문제가 생길 수 있고 타 부서와 커뮤니케이션이 부족할 수 있습니다.

6. 기업문화의 변화

과거의 기업문화는 유망한 사업을 선정해 무조건 잘 수행하고 생산한 제품을 어떻게 하면 많이 팔지를 주로 고민하였습니다. 개별 고객 특성에 맞추기보다는 보편적 고객 가치에 대응하는 수준에 그친 것입니다. 하지만 지금은 고객의 선택 폭이 무궁무진해졌고 국내외 경영 환경도 급변하고 있습니다. 그래서 기업들은 선택과 집중을 통해 한정된 자원과 많은 경쟁 속에서 가장 잘할 수 있는 사업을 선정해야 합니다. 또한 차별화된 고객 가치에 대응하고 팔리는 제품을 어떻게 만들지 고민합니다. 결국 고객 가치가 점점 더 중요해지고 있습니다.

요즘 기업들은 고객 가치의 중요성 때문에 유연성과 대응성을 강화하고 있습니다. 전통적 기업은 수직적 관계와 권한 집중을 중요시하고 내부 통제를 견고히 하였지만, 근래 기업들은 점점 수평적 관계와 자율적 협의를 중시하고 있습니다. 프로젝트 단위 팀제로 분권화하면서 조직을 유연화ㆍ간소화해 고객 가치에 대응하려고 노력하기 때문입니다.

리더도 변화하고 있습니다. 과거의 리더는 통제자나 지시자에 가까웠고, 과업이나 인간관계를 중시하며 문제 해결과 권력을 추구했습니다. 하지만 요즘 리더들에게는 코치나 후원자적 역량이 요구됩니다. 장기적인 안목으로 구성원들을 설득하고 능력을 발휘할 수 있도록 해야 하는 것입니다. 따라서 기업 구성원의 덕목 또한 변화하였습니다. 예전엔 성실하거나 말 잘 듣는 사람이 인정받았다면 최근엔 점점 성실성과 더불어 자율적·창의적인 사고와 변화하는 미래에 적응할 수 있는 학습력을 갖춘 인재들이 인정받습니다.

구성원들의 평가에서 고객 평가 비중도 커지고 있습니다. 상사가 단순히 고과를 평가하고 보상하는 시스템에서 다차원적 평가로 변화하고 있습니다. 상사뿐 아니라 고객, 부하, 동료 등이 다면적으로 상호 평가에 참여하고 차별적 보상을 합니다. 즉, 기업 문화는 고객 가치 변화에 따라 진화하고 있습니다.

제 6 장

스포츠 마케팅 이론과 실무

1. 스포츠 마케팅

스포츠 마케팅은 스포츠 상품(용품, 경기 등) 마케팅 또는 일반기업이 스포츠 연관 마케팅을 실시, 이익을 취하는 활동으로 정의할 수 있습니다. 즉, 스포츠가 주체가 되는 스포츠 주체 마케팅(Marketing of Sports)과 일반 기업의 스포츠 이용 마케팅(Marketing through Sports)으로 구분할 수 있습니다. 스포츠 주체 마케팅(Marketing of Sports)은 스포츠 관련 상품 판매 혹은 서비스 판매 촉진을 목적으로 하는 시장조사, 상품개발, 홍보 등을 뜻합니다. 스포츠 이용 마케팅(Marketing through Sports)은 기업의 판매 촉진 수단으로 스포츠를 활용하는 것인데, 유명 선수를 광고나 홍보에 활용하는 스폰서십 등이 있습니다.

스포츠 마케팅은 스포츠 산업의 규모가 확대되는 시점에 기업 입장에서 상품 판매를 넘어 고객과 소통할 수 있는 커뮤니케이션 효과가 있습니다. 팬들과 소통하며 광고 효과와 상호 이익 효과를 누릴 수 있어 기업들이 선호합니다. 대표적인 예로 스포츠 팬들이 관련 상품을 집단으로 구매하는 행위 등이 있겠습니다.

2. 스포츠 시장

스포츠 시장은 스포츠 제품이나 서비스의 생산·교환이 일어나는 곳입니다. 스포츠 시장은 스포츠를 직·간접적으로 체험한 전문가 수준의 소비자가 많다는 특징이 있고, 유무형 시장이 혼재되어 있습니다. 이러한 특성상 일상으로 전파가 쉽다는 장점이 있습니다.

스포츠 시장에서 유통되는 상품은 스포츠와 관련되어 생산된 재화 및 서비스를 말합니다. 또한 소비자가 얻고자 하는 이익이나 혜택을 핵심 상품으로 볼 수 있습니다. 유형 상품에는 인기 선수의 기념품 등이 있을 것이고, 경기 관람이나 스포츠 경험을 통한 성취감, 오락, 건강 등은 무형 상품입니다. 스포츠 마케터는 이런 다양한 스포츠 상품을 소비자 관점에서 파악하여 시장을 공략해야 합니다.

3. 스포츠 마케팅의 특성

마케팅에 관심이 있는 사람이라면 4P, 필립코틀러, STP 전략, 가치사슬, 타기팅(Targeting) 등 다양한 용어를 많이 들어 보셨을 겁니다. 스포츠 마케팅 분야는 급변하는 경영 환경에 따라 다양한 변화와 진화를 겪고 있습니다. 물론 많은 학자와 전문가들이 다양한 이론과 지식으로 이를 분석하여 기업들이 시행착오를 줄이고 대응하는 데 도움을 줍니다. 마케팅의 범주는 정답이 없고 광범위하다는 특성이 있지만 많은 마케팅 변수와 이론 중에서 공통분모는 존재하며 스포츠 분야에서 특화할 수 있는 내용이 있습니다.

학자들은 마케팅을 기업의 목적을 달성하고 소비자의 만족을 위해 생산자로부터 소비자에게 상품이나 서비스를 전달하는 활동(Perrault, W., and McCarthy, E. J., 2002), 교환과정을 통해 인간이 욕구와 요구를 만족해 가는 과정(Kotler, P., 2003)이라고 정의했습니다. 이는 개인과 기업의 목적을 만족시키기 위해 계획을 수립하고 마케팅과 가격, 프로모션, 아이디어와 상품과 서비스를 실행하는 것으로 정리할 수 있습니다.

스포츠에 적용해 보면 마케팅에서 최고의 목표는 고객과 수익을 창출하는 것입니다. 그러므로 스포츠 마케팅은 스포츠 상품과 서비스를 고객이 원하는 가치와 일치시켜 고객과 수익을 창출하는 모든 활동이라고 재정의할 수 있습니다. 이러한 핵심 내용은 고객 만족, 가치 창출, 교환, 4P(제품, 가격,

촉진, 유통) 등으로 이어집니다.

스포츠 기업은 스포츠 제품이나 서비스를 활용하여 고객을 만족시키고, 기업 인지도를 높이며 기업 이윤을 늘려야 합니다. 그렇기에 스포츠 마케팅에서는 금전적 이익 창출 외에 브랜드 이미지 제고도 중요합니다. 따라서 표적시장을 중심으로 브랜드 구축을 위한 통합 마케팅이 주로 이루어지는 특징이 있습니다. 통합마케팅 과정은 다음 파트에서 더 자세히 설명하려고 합니다.

4. 스포츠 마케팅의 역할

스포츠 마케팅은 스포츠의 시장 잠재력과 성장 가능성, 오락적 기능, 홍보 수단 측면에서 높은 평가를 받고 있습니다. 기업 입장에서도 기업 브랜드 이미지, 글로벌화 촉진, 다양한 매체 노출 효과, 긍정 이미지 형성, 타 광고와의 차별화, 홍보, 등 이점이 있습니다. 국가적으로도 올림픽 같은 빅이벤트 유치 시 경제, 국민 복지, 건전 여가 문화 정착, 국제적 위상 제고, 국민 통합 등 큰 효과를 볼 수 있습니다. 이로 인해 많은 기업이 스포츠 마케팅에 투자하면서 스포츠 비즈니스

영역에 체계화된 학문의 필요성이 대두되었습니다. (Mullin, Hardy, & Sutton, 1993)

5. 소비자 심리의 활용

소비자 구매 심리는 기본적으로 필요(needs), 욕구(wants), 수요(demands)로 이어집니다. 필요(needs)는 인간의 자연 발생적 본질이며 구매 행동으로 연결되기 위한 기본 심리입니다. 예를 들어 소비자는 살을 빼야 한다고 생각되면 조깅을 하려고 합니다.

욕구(wants)는 필요 발생 후 나타나는 단계로 세 가지로 나눌 수 있습니다. 첫째 기능적 욕구입니다. 소비자는 자신에게 맞는 기능성 조깅화를 구매하고 싶어 합니다. 둘째 감각적 욕구입니다. 제품 사용 과정에서 즐거움을 원하는 것으로 조깅화를 통해 살을 뺄 수 있을 거라는 기대감을 갖게 됩니다. 마지막으로 상징적 욕구입니다. 제품 구매를 통해 자신의 소속감을 표현하는 것입니다. 예를 들어 전문 선수가 신었던 조깅화를 사면서 조깅에 관심과 지식을 간접적으로 표출하고자 하는 것입니다. 이런 소비자는 수준 있는 소비로

자신의 욕구를 간접적으로 표현하고 싶어 합니다. (Kotler & Armstrong, 1989)

수요(demands)는 인간의 필요(needs) 본능과 욕구(wants)가 구매 행동으로 이어질 때를 말합니다. 예를 들어 조깅의 필요성을 느끼면 온·오프라인에서 조깅 관련 정보를 수집하게 됩니다. 이는 결국 조깅화 및 운동 수요 증가로 이어집니다.

스포츠 마케터는 소비자 행동의 기본과정을 이해하고 소비자의 필요와 욕구를 충족시켜 줄 수 있는 소비제품(product)을 시장에 내놓아야 합니다. 다만 고객 만족도를 높이고 재구매를 유도하기 위해서는 소비자의 가치(value)와 만족을 충족시켜 지불한 비용보다 구매 가치가 큰 제품을 공급해야 할 것입니다.

6. 스포츠 마케터처럼 생각하라!

스포츠 마케팅적 사고를 하려면 네 가지 요소가 필요합니다. 논리적 사고, 고객 중심적 사고, 그리고 알파 요소인 창의적 사고와 전략적 사고입니다. 논리적 사고는 다양한 마케팅

이론을 바탕으로 자신의 마케팅 전략을 체계화하는 작업입니다. 아무리 좋은 아이디어가 있어도 이를 체계적·구체적으로 표현하지 못하면 설득력이 떨어집니다. 자신의 아이디어를 논리적으로 표현할 수 있다면 투자자를 모으고 정책 결정자들을 설득할 때 유리할 수 있습니다. 이런 논리적 사고를 못 하는 마케터는 단지 몽상가일 뿐입니다. 고객 중심적 사고는 기업이 아닌 고객 입장에서 고객 만족을 목표로 접근하는 것입니다. 급변하는 경영 환경과 온라인 문화 확산으로 인한 시장의 글로벌화에 따라 많은 선택권을 가진 고객이 만족스러운 구매 경험을 할 수 있도록 노력해야 합니다. 또한 창의력을 발휘해 남다른 방식으로 문제를 풀고, 효율성을 높이기 위해 전략적 사고방식을 갖는다면 좋은 마케팅 성과를 창출할 수 있을 것입니다.

7. 기본 마케팅 과정

기본적으로 마케팅 전략을 계획하려면 몇 가지 과정이 필요합니다. 첫째, 환경 분석입니다. 새로운 상품 출시 시 외부적으로 경쟁사가 어떤지, 고객들이 과연 이 상품을 원하는지,

팔릴지 등을 분석합니다. 동시에 내부적으로 상품을 고객 니즈에 맞게 생산할 수 있는지, 생산할 수 있는 스태프는 있는지, 자본은 지원 가능한지, 기술력은 있는지 등을 분석합니다.

둘째, STP 전략을 구성해야 합니다. STP는 시장세분화(Segmentation), 표적시장(Targeting), 포지서닝(Positioning)을 칭하는 말로 우선 보통 상품이 잘 팔릴 시장을 고객 유형에 따라 세분화(Segmentation)합니다. 시장 진출 초반에는 상품을 사 줄 사람들을 표적(Targeting)으로 삼는 것이 성공 확률을 높일 수 있습니다. 그리고 상품의 위치를 포지서닝(Positioning)합니다. 예를 들어 명품이라면 명품에 맞는 재질과 브랜딩 전략으로 접근해야 하고 대중적인 제품이라면 대중의 눈높이에 맞도록 전략을 짜야 합니다.

셋째, 4P 전략입니다. Product, Price, Place, Promotion의 약자로 STP를 기반으로 최적의 상품(Product)[1]을 생산하고 합당한 가격(Price)[2]을 정하고 상품의 위치(Place)[3]에 맞게 효

---

1)   소비자가 무엇을 원하는지, 소비자가 이것을 어떻게 어디서 사용하는지, 물리적으로 무엇이 좋은지, 브랜딩 전략은 무엇인지, 경쟁제품에 비해 무엇이 우수했는지 등에 대한 고민
2)   소비자가 얼마까지 지불할 수 있는지, 얼마에 팔아야 이익이 남는지, 경쟁사에 비해 가격 전략은 어떻게 짜야 하는지, 질에 비해서 이 제품을 얼마까지 받을 수 있는지 등에 대한 고민
3)   나의 상품이 얼마나 차별화 되었는지, 높은 가격에도 나의 상품을 사줄 수 있는 핵심요소는 무엇인지, 공급체인은 어떻게 구성되어 있는지, 지속공급이 가능한지, 규모는 어떤지, 경쟁

율적으로 홍보(Promotion)[4]하기 위한 종합적인 전략을 짭니다. 이것이 기본적인 마케팅 전략 수립 과정입니다.

8. 통합 마케팅 과정

요즘 기업들은 기본 마케팅 개념을 더 세분화하고 한 단계 업그레이드해서 기업 브랜드나 이미지를 상승시키기 위한 노력을 많이 합니다. 특히, 기업의 핵심 역량을 파악하고 전략을 수립해 고유의 콘셉트(Concept)를 구축합니다. 그리고 콘셉트를 바탕으로 상품이나 브랜드를 업그레이드하거나 가치를 창출하는 통합 마케팅을 선호합니다.

통합 마케팅에서는 내·외부 환경을 분석해 핵심 역량을 파악하는 게 중요합니다. 예를 들어 경쟁자를 분석해 자사의 경쟁 우위와 경쟁사의 약점을 알아내고, 자사 핵심 역량을 파악합니다. 시장분석을 통해서는 틈새시장이나 공략시장을 알아보고, 고객 분석을 통해서는 타사의 불만족 요소를 해결해 줄 요소를 파악합니다. 이러한 핵심 역량은 STP 전략을 짤

사를 이길 수 있는 경쟁력을 가지고 있는지 등에 대한 고민

4) 나의 홍보채널은 무엇인지, 브랜드 인지도를 어떻게 높일 것인지, 홍보타이밍은 언제인지, 경쟁사와 어떻게 다르게 홍보할 것인지 등에 대한 고민

때 차별화 요소 및 경쟁 우위 전략의 기본이 되어 통합 마케팅의 콘셉트가 될 수 있습니다. 이러한 콘셉트는 4P 전략을 수행할 때 차별화 요소가 되고 가치 창출로 이어질 수 있습니다. 특히, 차별화 요소는 상품 가치를 높여 주고 마케팅을 통해 브랜드 이미지를 구축하는 데 큰 도움이 될 수 있습니다.

9. 스포츠 마케팅 실무

스포츠 마케팅은 필요하다고 생각하면서도 실행하기가 쉽지 않습니다. 많은 이를 설득해야 하고 특히 신규 사업인 경우 큰 리스크가 따르기 때문입니다. 그래서 부서 단위나 기업 전체에서 특정 전략을 실행하면서 많은 진통을 겪을 수 있습니다. 누군가 새로운 전략을 제시했을 때, 다수가 '물론 필요할 것 같은데 잘 될까?' 의구심을 품게 되는 것입니다. '새로운 마케팅 전략이라 해도 시간이 지나면 시들해지는 것 아니야?'라고 생각하는 이도 있을 것입니다. 스포츠 마케터는 이런 다수를 설득하고 사업을 추진하기 위해서 다양한 해결책을 제시해야 합니다. 예를 들어 기업 전체가 움직여야 하는 전략인 경우에는 인사·평가·성과와 연동해 새로운 마케팅 전략에 적합하도록 시스템화하는 것도 좋은 방법입니다. 아니면 특수 업무를 위해 부서별로 전문가를 차출하여 TF팀을 구성하는 것도 좋습니다.

또 다수가 '아직 실체가 없는 아이디어일 뿐인데, 이 일을 추진해서 얼마나 수익이 날까?'라는 의문부호를 던질 수 있습니다. 이럴 때 여러분이 마케터라면 '강소 상품으로 틈새시장을 확보하겠다', '비즈니스 모델로 이 정도 수익이 예상된다' 등 객관적인 논리를 제시하고 설득해야 합니다. 예를 들어 국내외 다양한 분야의 성공 사례 등을 수집하고, 경쟁사나 해외의 수익 다각화 전략, 적극적인 스폰서 유치, 미디어 마케팅, 외부 기업과의 공동마케팅 성공 사례 등을 조사합니다. 이를 통해 프로젝트에 대해 구성원의 공감대를 형성하고 자발적 참여를 유도하는 것도 좋은 방법입니다.

보통 매출이 하락하거나 규제가 강화되었거나 이미지 개선이 필요한 기업들이 새로운 마케팅이나 전략을 실시하곤 합니다. 경쟁 산업이 성장하거나 고비용 구조가 심화하거나 고객이 줄 때도 마찬가지입니다. 이런 변화 시기에 마케팅은 기업의 구원투수이자 지속 성장의 비상구 역할을 합니다.

10. 고객 중심 마케팅 실무

스포츠 기업뿐 아니라 모든 기업에서 고객 중심 마케팅은 가장 큰 이슈입니다. 시장이 복잡해지고, 경쟁이 치열해지고, 고객수준이 높아지고 있습니다. 따라서 기업은 고객의 입맛에 맞는 상품을 만들어 내고 고객 중심적 사고를 중요시하고 있습니다. 고객 중심적 사고란 내 생각을 내려놓고, 고객의 입장에 서서 생각하고 고객이 옳다고 전제하는 것입니다. 그리고 고객의 이야기를 듣고, 되묻고, 연구하는 일이기도 합니다. 이를 통해 고객 반응점과 구매와 연결되는 결정적 고객 만족 요소를 찾아내야 합니다.

스포츠 마케팅은 관점이 중요합니다. 고객 중심 관점으로 상품 경쟁력을 강화해야 합니다. 기존 인프라를 활용하여 효율성을 높이고 신규 수익을 창출해 브랜드 가치를 제고해야 합니다. 이러한 과정을 거치며 새로운 가치를 창출하고 지속 가능한 사업 아이템을 발굴할 수 있습니다.

예를 들어 캐나다에서 만든 태양의 서커스(Cirque du Solei)는 내한 초청 공연 시 입장료가 10만 원 이상입니다. 하지만 얼마 전까지 한국의 서커스 명맥을 이어온 동춘 서커스의 입장료는 6000원 정도입니다. 똑같은 서커스인데 왜 차이가 있을까요? 태양의 서커스는 기존 서커스에 뮤지컬, 연극, 마임, 무용 등 예술을 접목, 새로운 서커스를 만들어 내 시장에서 성공했기 때문입니다. 새로운 것을 원하는 고객 욕구를 바탕으로 기존 서커스를 종합예술로 승화, 새로운 가치를 창출해 낸 셈입니다. 현재 캐나다 하면 단풍시럽이나 아이스하키 외에 태양의 서커스를 떠올릴 정도로 세계적으로 유명한 신사업이 되었습니다. 태양의 서커스의 연매출은 평균 6000억 원이며 직원 수만 3500명 정도입니다. 기업 가치로 보면 맨체스터 유나이티드나 뉴욕 양키스와 맞먹는 1조 2000억 달러에 이릅니다.

사실 고객 중심적 사고만으로 태양의 서커스처럼 새로운 가치를 창출하는 것은 쉽지 않습니다. 새로운 가치를 창출하려면 고객 중심적 사고에 마케팅 전략과 논리적인 과정이 수반되어야 합니다. 여러분은 스포츠 마케터로서 전문성을 가지고 고객 중심사고를 바탕으로 마케팅 프로세스를 활용해야 합니다. 다양한 고객의 입장에서, 고객이 원하는 그 이상을, 잠깐의 만족을 넘어 지속적인 만족을 제공해야 합니다. 전문 스포츠 마케터라면 팔리지 않는 이유가 아니라, 소비자 입장에서 선뜻 구매를 결정하지 않는 이유를 분석해야 합니다. 항상 '역지사지'라는 말처럼, 입장을 바꿔 생각해야 하고 고객 입장에서 불편하고 가려운 부분을 긁어 주어야 합니다.
이것이 우수한 마케터의 능력이고 성공의 핵심입니다. 역사
적으로 고객 우선 마케팅을 실천한 기업은 항상 진화해 왔습
니다.

제 7 장

스포츠 인적자원 관리와 실무

1. 인적자원 관리

인적자원 관리란 기업에 필요한 인력의 수요와 공급 계획에서 인적자원 개발까지 포괄적인 운영을 말합니다. 주로 기업의 인사담당 부서가 인력 배치, 이동, 평가, 관리부터 인적자원 활용까지 담당하고 있습니다.

인적자원 관리 과정을 살펴보면, 우선 내·외부 조사로 기업구조, 경영 전략, 기술 변화를 들여다보고, 전체적인 인력구조를 파악합니다. 이를 통해 미래에 인원이 부족할지, 모자랄지 점검하고 기업 능력을 파악하며 인적자원의 수요를 결정합니다. 즉, 내·외부 수요와 공급의 절충점을 찾아 인력 고용, 재배치, 개발 등 인적자원 관리 프로그램을 실행합니다. 효율성 극대화를 위해 최소의 인건비로 최대의 성과를 내는 것이 기본 원칙이며, 인력증감을 조절하고 교육 훈련에 투자하게 됩니다.

인적자원은 보통 다섯 가지로 분류할 수 있습니다. 첫째, 당장의 성과는 적지만 잠재력이나 장래성이 높은 직원입니다. 보통 신입 사원들입니다. 둘째, 성과도 높고 능력도, 장래성도 높은 핵심 인재들입니다. 기업에서 가장 좋은 대우를 받습니다. 셋째, 장래성과 잠재력, 능력은 부족하지만 노력형으로 성과가 높은 직원입니다. 보통 나이와 경력이 많은 직원들입니다. 이외에 능력, 장래성도 약하고 성과도 낮은 직원도 있을 수 있습니다. 마지막으로 장래성도 없고 오히려 기업에 해를 끼치는 직원도 있을 수 있습니다. 인적자원 관리를 통해 이러한 인력풀에서 효율성을 극대화하고 능력이 부족한 직원을 재교육해 회사에 필요한 사람이 되도록 노력합니다.

2. 인적자원 관리의 역할

인적자원 관리는 기업의 목표와 신규 사업 등의 영향을 많이 받습니다. 담당 부서는 내·외부 인력 조달계획 등에 따라 인사전략을 실행합니다. 만약 사업에 따른 수요와 공급을 예측해서 인력이 부족하다면 신규 채용하거나, 기존 인원에게 초과근무를 지시할 수 있고, 외부 아웃소싱 등도 진행할 수 있습니다. 만약 과잉이면 재배치, 구조조정, 해고, 파면, 은퇴 등 조정 계획을 세웁니다.

인적자원 관리를 담당하는 인사부서에서는 인력 모집, 시험, 오리엔테이션, 임금제도 개선, 승진 규정 작성 등 업무를 봅니다. 이와 동시에 모든 부서에서는 현장교육, 인사고과, 승급결정, 이동, 전직 등 업무를 수행하고 인사부서와 협업하여 구성원 교육, 훈련, 선발 면접, 직무 분석, 고충 처리 등 업무를 합니다.

3. 생애주기별 구분

인력충원은 기업의 전략과 목표를 분석하고 필요한 인력의 양과 질을 파악하여, 잠재적 인력 수요를 예측하고 부족이나 과잉에 대응하는 것을 말합니다. 이를 위해 인력에 대한 직무 분석(Job Analysis) 및 설계를 합니다. 보통 인사부와 필요 부서가 협업하여 인적자원의 수요와 공급을 예측하고, 인적자원 소요와 대응 계획, 인적자원 예산 · 통제 등을 처리합니다. 여기서 직무 분석(Job Analysis)은 직무수행 요구 과업(task) 도출을 말하는 것인데 다음 파트에서 더 자세히 설명하려고 합니다. 충원 시에는 능력 있고 원만한 인간관계를 이루어 나갈 수 있는 사람을 채용하기 위해 단기 · 중기 · 장기 계획을 수립합니다. 예를 들어 미래 시점에서 기존 인력이 그때까지 얼마나 남아 있을지, 그에 따라 추가 인력은 얼마나 필요할지 등을 예측합니다.

인력 모집은 내부 승진 및 전보 방침에 준해 내부 인력을 활용하는 방법과 외부에서 적절한 채용 대상자를 물색하는 외부 채용으로 나눌 수 있습니다. 보통 기업은 외부 채용을 위해 광고, 구인회사, 채용박람회, 채용설명회를 활용합니다.

인력 선발은 기업의 요구와 기대 및 채용될 사람의 요구를 고려하여 '직무명세서 작성 → 서류 → 시험 → 면접 → 경력 조회 → 신체검사 → 선발결정 → 채용'의 기본과정을 거칩니다. 인사 부서나 배치부서에서 보수, 근무시간, 휴가 등을 포함한 직무 정보와 의무를 설명합니다. 또한 오리엔테이션을 통해 기업 문화를 이해시키고 기업 구성원과의 관계를 설명합니다. 하지만 신입 사원이 아닌 경력직 코치나 간부들이 선발된다면 직무 수행 지식은 물론이고 리더십, 의사전달, 인간관계, 인사관리, 정책수립 등 관리자 대상 교육 비중을 키워야 할 것입니다.

근무하면서 성과를 어느 정도 내면 **승진**(promotion) 기회가 주어집니다. 승진을 위해서는 실제 업적을 측정, 평가, 기록하고 피드백해야 합니다. 이는 승진뿐 아니라 해고, 포상 및 임금 결정에서도 기초자료로 활용됩니다. 구성원에게 승진, 급여 및 복리후생은 자아발전 욕구를 충족하는 기회로 작용합니다. 현재보다 급여가 더 많고 책임이 큰 위치로 올라가는 승진(promotion)은 능력에 따라 승진을 결정하는 능력주의 승진과 연공서열주의 승진(호봉제) 등으로 나눌 수 있습니다. 이외 기업 내에서 현재 직급과 비슷한 위치로의 수평 이동을 말하는 전보(transfer), 직급이 낮아지거나 중요성이 떨어지는 곳으로 옮기도록 명령받는 좌천(demotion), 곤란을 겪는 기업의 고용주가 일시적으로 직원들을 해고하는 정리해고(lay off), 회사 측이 직원에게 명령하는 영구적 파면(termination), 직원의 자발적인 영구 이직인 사임(resignation), 직원의 경력 마감을 의미하는 은퇴(retirement) 등이 있습니다.

4. 직무 분석

직무 분석(Job analysis)은 직무수행에 요구되는 과업(task)을 도출하는 것을 말합니다. 이를 위해 인력에 대한 직무 분석(Job analysis)은 기업 관리에서 중요한 역할을 담당합니다. 채용 배치 기준과 승진 기준이 되며 인사 평가에서 평가 항목으로 선정하기도 합니다. 미래 정원과 적정 임금을 정하는 데도 활용됩니다. 교육 훈련도 직무 분석에 따라 최적화 됩니다. 선수로 치자면 포지션별 역할 및 능력을 분석하여 연봉 협상이나 훈련, 팀의 전략을 짜는 데 활용하는 것과 같 은 이치입니다.

직무 분석은 수직적, 수평적 직무 분석으로 구분되고 두 가 지는 연결됩니다. 수직적 직무 분석은 수직적 기업 계층에 따른 단위 직무의 연결고리를 찾는 것을 말합니다. 수평적 직무 분석은 수평적 업무 흐름에 따른 단위 직무의 연결고리 를 찾는 것입니다.

수직적 분석과 수평적 분석의 차이를 살펴보자면, 수직적 직무는 과장, 대리, 선수, 코치 등 계층 구조를 말하며 수평적 분석은 개인별 업무라고 생각하면 쉽습니다. 즉, 수직적 분석 은 현재 수행 직무를 정태적인 시점에서 분석하는 것인데, 보 통 업무량 파악을 통한 정원 산정이나 인사제도 설계에 효과 적입니다. 수평적 분석은 업무 흐름에 관한 수평적 연결고리 로 동태적이며 현재 수행 직무뿐 아니라 앞으로 수행해야 할 직무를 체계적으로 분석합니다. 이를 통해 업무 프로세스를 개선하고 진행 상황을 파악할 수 있습니다. 예를 들어 사무 자동화나 전산화가 목적이라면 수평적 분석을 실시하여 개 인의 업무 흐름을 파악하고 해당 업무에서 자동화나 전산화를 통해 개선 가능한 요소를 파악할 수 있습니다.

결국, 수직적 · 수평적 연계 직무 분석을 통해 미래에 요구되는 새로운 프로세스가 기존 직무나 기업구조에 어떠한 영향을 미치는지 파악할 수 있습니다. 그리고 이를 바탕으로 미래 과업에 대비하고 현재 과업을 변경하고 개선해 기업구조에 영향을 줄 수 있습니다.

5. 인적자원의 분류

인적자원은 세 가지로 분류할 수 있습니다. 첫째로 장기축적 능력형으로 보통 정규직을 말합니다. 월급제나 연봉제로 운영되고 관리직이나 행정직, 기술직 등으로 나눌 수 있습니다. 상여금이나 퇴직금, 연금제도가 있으며 복리후생은 생애 주기별로 이루어집니다. 둘째, 전문 능력형입니다. 연구 · 개발직이나 스포츠 선수처럼 특별한 업무를 담당하는 사례가 많습니다. 주로 근무 기간이 정해져 있습니다. 보통 일정 기간 계약하는 계약직, 1년 단위로 계약하는 위촉직 등으로 구분됩니다. 연봉제 위주로 운영되고 성과 상여금이 있습니다. 복리후생은 기업 상황이나 계약에 따라 변동이 있습니다. 셋째, 단순직, 영업직의 고용 유연형입니다. 보통 업무에 따라 급여 등급이 나뉘는 직무급제와 시간에 따라 급여가 지급되는 시간급제 등이 있으며 복리후생도 기업 상황에 따라 달라집니다.

6. 인사 평가

기업 입장에선 인사 평가를 통해 종업원의 능력을 파악하고, 생산성 향상을 기대할 수 있으며 개인에게도 성장 목표가 됩니다.

인사 평가를 6하 원칙(5W1H)에 따라 분석해 봅시다. 첫째, 평가는 왜(Why)할까요? 적정한 인재 배치, 직능 개발, 교육, 상여, 승진, 경영을 위한 사원의 능력 구조 파악에 도움이 되기 때문입니다. 둘째, 무엇(What)을 볼까요? 보통 능력 · 업적 · 자질 · 인성, 태도 등을 봅니다. 이는 평가의 지표로 작용합니다. 셋째, 주체(Who)는 상사나 부하, 동료, 외부 등입니다. 이들이 다면 평가를 수행합니다. 넷째, 인사 부서나 담당 부서(Where)에서 정기적 · 비정기적, 장기 · 단기(When) 평가를 전통적 기법이나 전략적 기법(How)으로 공개 또는 비공개로 진행합니다. 여기서 전통적 기법은 탑다운 방식 (Top-down approach)으로 집행된 성과를 객관적이고 일관성 있게 평가하는 것을 말합니다. 보통 상급자의 평가 기준에 따른 수동적 평가입니다. 전략적 접근법은 종업원의 결과보다는 관리 과정을 평가하기 위해 기업 목표나 전략을 연계하여 효과적으로 달성했는지를 평가합니다. 종합적인 평가로 개인의 역량을 중심으로 장·단기적 성과의 조화를 평가하려고 합니다.

I) 평가지표

평가지표로 보통 능력, 태도, 업적 등의 지표가 들어갑니다. 우선 능력은 특정한 목적을 달성하기 위해 도움이 되는 잠재 능력을 말합니다. 이러한 능력에는 업무지식 같은 소유 능력과 현재 소유하고 있지는 않지만 앞으로 발휘할 가능성이 있는 잠재 능력 등이 있습니다. 태도는 직무수행 중 나타나는 피평가자의 근면성이나 열정 같은 것을 말합니다. 이를 통해 태도 평가를 합니다. 마지막으로 업적은 직무달성도를 통해 평가하는데 직무수행과정이나 성과, 실적 같은 객관적 지표가 들어갑니다.

2) 평가자

평가자는 평가에 임하는 자세에 따라 몇 가지 형태로 특징 지을 수 있습니다. 첫째로 신중히 판단하고 적절한 평가를 내리는 신중형이 있습니다. 신중형 스타일의 평가는 신뢰감이 높은 게 특징입니다. 둘째, 감정 기복이 심하고 신중성이 결여된 감정형입니다. 감정형 평가자는 극단적으로 관대하거나, 가혹합니다. 셋째, 평가를 두려워하는 공포형입니다. 이런 스타일은 평가가 관대하거나 어느 부분에 중심화되어 있는 경향이 있습니다. 넷째, 평가 행위를 특권으로 생각하여 편파적으로 판단하는 무단형이 있습니다. 마지막으로 편견을 가지고 한쪽으로 치우치는 편견형도 있습니다.

이처럼 다양한 유형의 평가자가 있을 수 있는 이유는 평가 항목이 추상적이어서 평가자의 주관이 개입되기 쉽고, 부서가 요구하는 능력이나 자질이 100% 매칭이 어려운 한계가 있기 때문입니다. 또한 평가 시기가 제한적(1년에 1~2번)이기에, 촉박한 평가 일정이 영향을 주기도 합니다.

7. 갈등

개인이 사회생활을 하다 보면 욕구 및 목표의 상충이나 가치관, 신념 등의 차이로 개인 간, 집단 간, 그리고 업무 간 여러 갈등을 경험합니다. 만약 기업에 갈등이 거의 없는 경우엔 구성원들이 의욕을 잃고 무사 안일해지게 되며 기업이 환경변화에 적응을 하지 못해 유효성이 떨어질 수도 있습니다. 반대로 갈등이 너무 심하다면 구성원들이 투쟁·대립하고, 상호 비협조적이며 기업이 혼란과 분열에 휩싸이고 목표의식을 잃게 됩니다. 최악의 경우엔 기업의 생존이 위험해질 수도 있습니다.

갈등은 제한된 자원을 두고 부서끼리 경쟁하거나, 양립할 수 없는 목표를 동시에 추구하거나, 신분상 계층에 변화가 일어났을 때(근속 연수, 나이, 교육 수준, 급여 수준 등) 발생할 수 있습니다. 여러분이 경영자라면 이러한 갈등들을 관리하는 다양한 능력을 갖추어야 합니다. 예를 들어 경쟁은 중요한 사안에 대한 신속한 해결안이 필요할 경우에 효과적입니다. 타협은 시간 압박으로 조속한 해결이 필요할 때 유리하고, 협력은 시간 압박이 없으며, 모든 당사자가 서로 이득이 되는 해결 방안을 원할 때 유용합니다.

제 8 장

스포츠 소비자 행동이론과 실무

1. 스포츠 소비자 행동

스포츠 소비자 행동이란 고객이 언제, 어디서, 무엇을, 어떻게, 누구로부터 구매할 것인가에 대한 판단과 활동입니다. 스포츠 경영자는 소비자 행동 정보를 통해 다양한 소비자 욕구를 찾아내고 효과적으로 충족시켜 줄 마케팅 전략을 계획하고 수행해야 합니다. 그래서 기업은 소비자 행동 분석을 통해 소비자의 잠재 욕구를 발굴하여 상품화와 연계하고자 많은 노력을 합니다. 소비자 행동 분석에는 기본 설문조사부터 학문적 실험, 초점집단면접, 에스노그라피(Ethnography) 등이 활용되고 최근에는 뉴로 마케팅 등을 통해 분석된 자료가 쓰이기도 합니다.

2. 소비자 행동의 이해

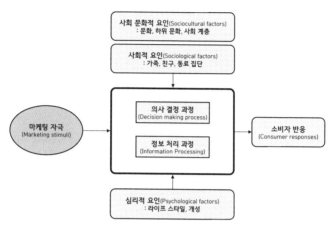

사회 문화적 요인(Sociocultural factors)
: 문화, 하위 문화, 사회 계층

사회적 요인(Sociological factors)
: 가족, 친구, 동료 집단

의사 결정 과정
(Decision making process)

정보 처리 과정
(Information Processing)

마케팅 자극
(Marketing stimuli)

소비자 반응
(Consumer responses)

심리적 요인(Psychological factors)
: 라이프 스타일, 개성

※ (소비자 행동: 마케팅 전략적 접근)을 바탕으로 필자가 작성

소비자 정보처리 과정에서 소비자는 제품이나 광고, 판매원 등에 의해 마케팅 자극을 받으면 의사결정이나 정보처리 과정을 거쳐 소비자 반응이 나타납니다. 이 반응은 실지로 구매로 이어질 수도 있고, 상품에 대한 태도를 형성할 수도 있습니다. 특히, 마케팅 자극을 받은 소비자가 의사결정과 정보처리 과정에서 고민할 때, 사회 문화적 요인(Sociocultural factors)과 사회적 요인(Sociological factors), 심리적 요인(Psychological factors)이 소비자 반응에 영향을 줄 수 있습

니다. (이학식 외, 2006)

1) 사회 문화적 요인(Sociocultural factors)

소비자 정보처리 관점에서 사회 문화적 요인은 소비자 행동에 변화를 일으키는 요소 중 하나입니다. 사회 문화적 요인은 문화(Culture), 하위문화(Subculture), 사회계층(Social Class) 등으로 구분됩니다. 문화는 사회에서 공유되고 전해 내려오는 학습된 신념과 가치, 태도, 관습, 행동 등을 말합니다. 하위문화는 전체문화 내부에 정체성을 보여 주는 독특한 소집단의 문화를 말합니다. 사회계층은 가치관, 라이프 스타일(Life Style), 관심사가 유사한 집단으로 볼 수 있습니다.

문화나 계층에 따라 독특한 신념과 행동 체계가 있고, 이는 소득·교육·직업·가치관에 따라 결정되기 때문에 마케팅에서 시장을 세분화하는 데 많이 쓰입니다. 예를 들어 경영환경에 영향을 주는 사회 문화적 요인으로는 인구구조 변화(고령화 등), 사회가치의 변화(여가환경 및 감성변화), 라이프 스타일 변화(모바일 중심화), 여가시장 규모 전망(가계소비 대비 시장규모) 등이 있겠습니다.

2) 사회적 요인(Sociological factors)

사회적 요인은 구매 의사 결정 과정이 가족, 친구 같은 주변 사람들의 영향을 받는다는 가정에서 출발합니다. 예를 들어 준거집단이나 의견지도자(Opinion leader)의 영향이 있습니다. 준거집단은 소비자가 추종하거나 동경하는 사회적 집단을 말합니다. 연예인이나 유명 스포츠인을 동경하는 팬클럽이 대표적입니다. 또한 의견지도자(Opinion Leader)는 특정 상품에 대한 정보와 장단점을 주위 사람에게 알림으로써 소비자의 구매 활동에 영향을 주는 사람을 말합니다. 이런 사회적 주변인들에 의해 구전효과(word of mouth effect)가 발생하는데 특히 실제로 상품을 사용해 본 경험자가 자신의 경험을 주변 사람에게 전달할 때 효과가 커서 기타 판촉보다 훨씬 신뢰성 있게 전달됩니다. 단, 부정적인 구전의 영향력도 커서 이에 적극적으로 대응할 필요가 있습니다.

3) 심리적 요인(Psychological factors)

심리적 요인은 다른 사람과 구별되는 개인적 특성을 말하며 선천적인 요소와 후천척인 요소에 의해 복합적인 영향을 받습니다. 한 예로 개성과 라이프 스타일을 생각해 볼 수 있습니다. 저마다 개성은 큰 사건을 겪고 나이가 듦에 따라 바꾸기도 하며 외부 환경으로부터 받는 자극에 따라 지속적인 반응이 일어나게 됩니다.

라이프 스타일은 개성과 달리 시간의 흐름에 따라 필연적으로 변하고 개인적 성향을 파악할 수 있는 특징이 있어 나이·성별·직업에 따라 공통된 특성을 가질 수도 있습니다. 예를 들어 결혼 전과 후의 라이프 스타일 변화, 미니멀리즘, MZ세대 등을 들 수 있습니다. 개성이나 라이프 스타일은 소비자 예측 및 설명에 큰 도움이 됩니다.

3. 관여도

관여도는 소비자가 상품을 구매할 때 얼마나 세세하게 따져 보고 비교하는 것처럼 개인의 신중한 정도를 말합니다. 보통 상품 가격이나 특성, 소비자 개인 성향에 따라 차이가 있을 수 있습니다. 예를 들어 연습용 골프공처럼 자주 구매하거나 금액이 저렴한 물품은 저관여 상품이고, 골프채처럼 구매 빈도가 낮고 비싼 물품은 고관여 상품으로 구분할 수 있습니다.

따라서 상품을 느끼고 인식하는 정도에 따라 분류하면 마케팅에서 시장 세분화나 타기팅(Targeting)할 때 도움이 됩니다. 일상적으로 쉽게 구매할 수 없는 고관여 상품은 신중하게 구매하게 됩니다. 예를 들어 고가 골프채를 산다고 가정해 봅시다. 우선 구매 욕구가 발생합니다. 다음은 사고 싶은 상품에 대해 더 많은 정보를 얻으려고 다양하게 탐색합니다. 요즘은 인터넷 가격비교, 제품 후기, 판매량 등 다양한 정보를 업체에서 제공하고 있습니다. 그 다음으로 소비자는 자신의 욕구와 필요에 따라 상품의 성능 · 디자인 · 가격 등을 평가한 후 결제 및 구매 방식 등을 결정합니다. 만약 자신이 기대한 가치보다 구입 후 지각된 가치가 높았다면 재구매하거나 남에게 상품을 추천할 것입니다. 만약 반대라면 나쁜 고객 후기를 쓰거나 제품 관련 불만 민원을 제기할 것입니다.

관여도에 따라 구매 의사 결정 과정과 정보 탐색 수준이 달라질 수 있습니다. 마케팅 담당자는 관여도 등 소비자의 심리적 요인을 파악하고 구매 과정을 분석하여 자신의 상품에 대한 심리적 부조화를 줄여 주기 위해 노력하여야 합니다.

4. 갈등 해소

소비자가 '둘 이상의 긍정적인 대안' 중에서 하나를 선택해야 할 경우 갈등이 발생할 수 있습니다. 사려고 하는 물건의 매력도가 비슷할수록 갈등은 더욱 커지게 됩니다. 마케팅 담당자는 이러한 소비자 갈등 해소를 위한 방안을 제시함으로써 판매를 촉진하고 고객 만족도를 향상시킬 수 있습니다. 예를 들어 두 골프채가 성능과 가격이 비슷하다면 브랜드 이미지나 디자인을 고려하고 내 체형에 더 잘 맞는 제품을 선택할 것입니다. 물론 이를 상대방 업체보다 더 잘 돋보이게 알리는 것은 마케터의 역할입니다.

또한 소비자는 피할 수 없는 '두 부정적인 대안'에 직면하여 어느 하나를 선택해야 할 경우가 있습니다. 이를테면 평소에 쓰던 골프채가 부러진 경우에 수리할 것인가? 새로 살 것인가? 고민하게 됩니다. 두 방법 모두 예기치 못한 소비 부담으로 부정적으로 지각되므로 어느 것을 선택할 것인지 갈등하게 됩니다.

유능한 마케터는 이에 대비해 자사 제품을 재구매 결정 전까지 무료로 빌려주거나, 유리한 할부조건 등을 제시해 금전적 거부감을 해소시키려고 노력합니다. 그러면 소비자가 구매를 결정할 가능성이 커집니다. 또 다른 방법으로 제품에 대해 10년간 품질 보증을 제공하는 방식도 있겠습니다. 기존 제품에서 누리지 못했던 혜택을 부여해 부정적 갈등을 최소화하는 것입니다.

혼합 갈등은 상품이 '긍정적인 면과 부정적인 측면'을 모두 가지고 있을 때 발생합니다. 예를 들어 운동 후 음료수를 먹고 싶은데 살이 찔 것을 걱정하는 경우입니다. 이를 해소시키기 위해 마케터는 부정적인 요소를 제거한 상품을 개발해 만족도를 높이고 구매를 활성화해야 합니다. 저칼로리 음료나 디카페인 커피 등이 대표적인 예입니다.

소비자 갈등 해소는 구매 의사에 많은 영향을 미칠 수 있습니다. 마케터는 소비자의 갈등을 분석하여 자신의 상품에 대한 심리적 갈등 요소를 줄여 주기 위해 노력해야 합니다.

제 9 장

스포츠 미디어 마케팅 실무

1. 스포츠 미디어 마케팅

스포츠 미디어 마케팅은 스포츠상품에 미디어 비즈니스 시스템을 접목해 형태를 변형시킨 것으로 정의할 수 있습니다. 물론 이러한 변화는 뉴미디어가 주도했고, 미디어는 스포츠의 상품화 및 홍행을 유도하는 아주 중요한 수단이 되었습니다. 한 예로 2006년 월드컵 때는 국내 지상파 DMB, 2010년 월드컵 땐 3DTV, 2018년 평창올림픽엔 5G와 UHD 기술이 활용돼 스포츠를 글로벌 이벤트로 부상시키는 데 기여했습니다. 뉴미디어는 스포츠 자체뿐 아니라 스포츠 소비자 관람행동 결정까지 영향을 미칠 수 있어(Coakley, 1998) 많은 스포츠 단체와 방송사들이 스포츠를 마케팅에 활용합니다.

최근에 JTBC는 2026~2032년까지 올림픽 중계권을 획득하여 IOC위원회와 함께 혁신적 방송 계획을 수립하고 우수 스포츠 콘텐츠 개발을 약속했습니다. 이는 스포츠와 뉴미디어의 관계를 간접적으로 보여 줍니다. KT는 2018년 평창올림픽 때 첨단 5G 기술을 선보이며 스포츠 중계를 한층 더 업그레이드하였고 5G 기술 테스트 베드로 스포츠를 활용하였습니다. KT는 스노보드 경기에서 홀로그램 라이브 기능을 활용해 경기장이 아닌 광화문에서 인터뷰하는 듯한 효과를 내고, 헬멧에 초소형 카메라를 부착해 현장감을 더 생생하게 느낄 수 있게 하는 등 첨단 기술로 스포츠의 상품성을 높였습니다.

2. 스포츠 미디어 변화

20세기 후반, 매스미디어 시대의 개막은 스포츠를 거대한 산업으로 변모시켰습니다. 1970년대에는 경기장 분위기 등 정보를 전달하는 보조적 역할에 그쳤지만 1980년대부터 스포츠 인기가 급증하면서 많은 기업이 스포츠에 투자하고 미디어를 활용하여 본격적인 상품화에 나섰습니다. 1990년대엔 스포츠 미디어 시스템이 갖춰지고 여기서 발생하는 수익 등 재원이 스포츠와 미디어의 상호 발전에 중요한 역할을 담당하게 되었습니다. 2000년대에는 미디어가 스포츠에 없어서는 안 될 요소가 되었고, 비약적인 산업적 발달을 이룩했습니다. 고도의 스포츠 중계 기술은 스포츠 상품을 유·무형 고품질 상품으로 포장해 주었고, 발달한 콘텐츠 송출 기술은 스포츠 콘텐츠를 국내외로 보낼 수 있는 최고의 유통망이 되었습니다. 스마트폰 등 다양한 차세대 미디어의 등장은 여기

에 화룡점정이 돼, 소비자들은 언제 어디서나 스포츠 상품을
소비할 수 있게 되었습니다.

3. 스포츠 미디어 마케팅 시스템

스포츠와 미디어가 만나면서 기업은 스포츠 스폰서십
(sponsorship) 등을 통해 마케팅 기회를 갖게 되었습니다. 스
포츠단체는 미디어 중계권과 기업의 스폰서십을 통해 재원
을 마련하게 되었습니다. 동시에 미디어 기업은 스포츠 콘텐
츠를 제공하는 대가로 홍보, 제작, 광고비 등 다양한 수익을
창출하고 있습니다.

상업적 스포츠 미디어 마케팅의 주요 재원은 스포츠 중계
권, 스폰서십, 광고, 홍보입니다. 시청률을 기반으로 스포츠
의 희소성, 팬, 선수 등 다양한 변수에 따라 평가 기준이 정해
집니다.

많은 수익을 내야 하는 기업 입장에선 마케팅 효과를 극대
화하기 위해 스포츠 중계권을 독점하려고 합니다. 그래야 부
가 가치와 희소성이 높아지기 때문입니다. 재원이 허락한다
면 스포츠 스폰서십과 중계권을 독점하고, 팬이 많을수록 가

치가 상승하고 마케팅 기회가 증대됩니다. 실지로 스포츠 콘텐츠의 인기도에 따라 '빈익빈 부익부' 현상이 일어납니다. 예를 들어 2010년 남아공월드컵의 FIFA TV 중계권 수입은 27억 달러(약 3.3조 원), 2006년 독일월드컵 방송 3사 중계료는 265억 원, 2010년 남아공월드컵 SBS의 중계료는 약 760억 원이었다고 합니다. 하지만 이와는 반대로 인기도가 떨어지는 대다수의 스포츠는 수익 창출에 어려움을 겪는 게 사실입니다.

4. 스포츠 미디어 상품 제작

18세기 초반 영국에서 복싱 경기 기사를 최초로 신문에 게재하면서 스포츠에 대한 관심이 높아지고 발행 부수와 광고 수입이 증가하였습니다. 이를 시초로 1920년에는 라디오, 1929년에는 텔레비전 방송이 시작되었고, 1980년대에는 스포츠 생중계가 실현되었으며 중계권료와 광고 수익 등이 치솟아 시장이 정점에 이릅니다. 지금은 온라인 미디어의 활성화로 고객이 언제 어디서나 편리하게 스포츠 상품을 즐길 수 있게 되었고, 미디어 기술력 발전이 이를 견인하고 있습니다.

스포츠 경기를 미디어 상품으로 만들기 위해선 기본적으로 카메라와 오디오 장비, 그리고 실시간 경주에서 중요한 순간을 편집해 주는 편집기, 정보 전달을 돕는 CG, 중계 송출 장비 등 다양한 미디어 장비와 기술이 활용됩니다.

예를 들어 생생한 스포츠 중계를 위해서는 빈틈없는 촬영으로 고객에게 실제 경기장에 있는 것 같은 효과를 주어야 합니다. 편집 장비로 중요한 영상들을 이어 붙이고 오디오 · 그래픽을 덧붙이게 됩니다. 콘텐츠는 시청자가 편리하게 이용할 수 있도록 다양한 매체(TV, 모바일, 인터넷 등)에 적합하게 가공되고, 방송국을 비롯한 다양한 정보망을 통해 신속하게 송출됩니다.

5. 스포츠 미디어 마케팅 전략

스포츠 미디어 마케팅은 기존 상품의 인지도를 높이거나, 제품가치를 변화시킬 수 있습니다. 하지만 전략 행위가 일반적으로 짧고, 메시지가 지속적이지 못하고 고전적인 커뮤니케이션 수단의 효과를 높이기 위한 보완 도구라는 인식이 강한 것은 단점입니다. 따라서 스포츠 미디어 마케팅 전략에서는 기업의 목적과 모순되지 않도록 타깃 집단에 정확한 메시지를 효과적으로 전달해야 합니다.

기업은 이념에 따라 기업 정책과 미디어 마케팅 전략을 계획합니다. 미디어 마케팅은 기업 이미지 형성 및 브랜드 가치 창출에 큰 역할을 담당하기 때문에 아무리 강조해도 지나치지 않습니다. 예를 들어 스포츠를 통해 소비자에게 자사 상품에 대한 신뢰성과, 친숙함을 높일 수 있다면 판매 촉진과 구전효과 상승으로 이어질 것입니다.

미디어 마케팅의 최종 목표는 이미지 형성입니다. 이를 위해 마케팅 담당자는 기업의 내·외부 환경을 분석하고 핵심 역량을 파악해야 합니다. 그리고 미디어 마케팅 전략을 짜기 위해 상품의 시장세분화와 표적시장에 대한 맞춤 포지셔닝이 필요합니다. 또한 미디어 상품에 맞는 콘셉트를 위한 차별화 요소와 경쟁우위 전략도 수집해야 합니다. 이를 바탕으로 미디어 전략을 짜고 상품가치를 높이고 브랜드 가치를 창출해야 합니다.

6. 스포츠 미디어 마케팅 실무

여러분이 미디어를 활용하여 스포츠 마케팅을 한다면 어떻게 할까요? 첫 번째로 해야 할 일은 전체적인 상황 조사와 분석입니다. 기업의 기본 이념과 미디어 특성 활용 방안 등 전체적인 아웃라인을 잡는 과정입니다. 둘째, 내·외부 환경 분석입니다. 예를 들어 상품뿐 아니라 스포츠 종목과 선수, 프로그램 등도 분석해 우리 상품이 어떻게 비칠까 등을 고민합니다. 셋째, 트렌드를 분석합니다. 더불어 경쟁자와 미디어의 특징도 분석합니다. 다른 미디어나 광고와 중복되지는 않는지 차별점이나 희소성은 있는지 등입니다. 넷째, 미디어 기술 분석입니다. 원하는 상품의 이미지를 미디어 기술로 구현할 수 있는지를 분석합니다. 미디어 마케팅에 대한 아이디어가 좋아도 표현할 수 없으면 무용지물일 것입니다. 다섯째, 소비자 분석입니다. 미디어 상품 구매층이 자신의 상품 고객과 얼마나 공통점이 있는지를 분석합니다. 상품 구매층은 스포츠 미디어 이용자와 다를 수 있습니다. 구매층이 일치하지 않는다면 전략이 실패할 확률이 커집니다. 여섯째, 목표설정입니다. 사전 조사 내용을 바탕으로 기업이 추구하는 목표와 미디어의 특성을 구조화해 미디어 마케팅의 설계도로 삼습니다. 일곱째, 기업 이미지를 효과적으로 업그레이드할 전략을 설정합니다. 다양한 미디어 전문가들과 소통하며 실현 가능한 것 위주로 계획을 짜야 합니다. 여덟째, 상품의 포지셔닝, 목적 집단, 전달 메시지 내용 등을 구체화합니다. 아홉째, 홍보·유통망을 확대하기 위해 채널을 다양화합니다. 예를 들어 기존 TV채널뿐 아니라 인터넷 전문채널, SNS 등 다양한 유통망을 활용할 수 있습니다. 마지막으로 실행과 동시에 홍보합니다. 실행이 끝난 후 평가 및 피드백을 통해 개선점을 발굴하는데 보통 대중매체 언급 횟수, 미디어 노출 효과, 매출 금액(사전 및 사후), 태도변화(사전 및 사후), 유통업체의 수(사전 및 사후) 등을 평가합니다.

제 1 0 장

스포츠 비즈니스 전략과
실무

1. 스포츠 비즈니스 전략

스포츠 비즈니스 전략을 왜 공부해야 할까요? 경영에서 전략은 빼놓을 수 없는 단어입니다. 기업의 규모나 사업이 클수록 좋은 결과를 내기 위해선 치밀한 계획이 필요합니다. 많은 구성원들이 올바른 방향으로 나아가기 위해선 계획에 따라 통일된 목표를 가지고, 보유 자원 활용 방법을 공유하고, 효율적으로 이윤을 창출하기 위해 노력해야 하기 때문입니다. 많은 이론가가 비즈니스 전략에 대해 다음과 같이 정의했습니다.

- *장기적인 목적(Objectiveness)과 목표(Goals), 과정의 선택, 자원의 배분*

- Alfred Chandler

- *기업이 달성하고자 하는 목적들과 이를 달성하고자 노력하는 과정에서 의존해야 할 수단들의 결합*

- Michel Porter

- 우리의 사업은 무엇인가? 그리고 그것을 어떻게 하여야 하는가에 대한 대답

- Peter Drucker

- 전략은 선택의 문제이다. 모두 잘하겠다고 하는 것은 전략이 아니다. 집중적이란 경쟁력이 없는 것은 버리는 것이다. 적절히 하는 것보다는 적절한 것을 하는 것이 더 중요하다.

- Peter Drucker

종합하자면 비즈니스 전략은 미래 지향적인 관점에서 시대의 흐름을 파악하고 변화를 예측하는 일입니다. 또한 자사의 강점을 활용하여 타사 대비 강점을 찾고, 지속적인 차별화를 도모하는 것이라고 정리할 수 있습니다.

2. 전략의 기본

기업을 평가할 때 보통 "그 기업은 비전이 있어?"라는 말을 하곤 합니다. 여기서 비전(Vision)은 전략의 방향타 같은 역할을 합니다. 기업 전략은 CEO의 비전에서부터 출발합니다. 비전을 중심으로 중장기 계획 등 다양한 사업 계획이 구조화됩니다. 따라서 최고 경영자의 비전 제시는 가장 중요하다고 말할 수 있습니다.

경영자의 비전을 기본으로 구조화된 전략은 기업의 미래를 나타내는 Big Picture, 즉, 설계도라고 정의할 수 있습니다. 전략을 구축하기 위해선 기업의 존재 이유를 명확히 하고 (Mission) 이 미션(Mission)을 중심으로 세 가지 기본 요소인 사업관, 기업설계, 인재육성 등으로 계획을 짜게 됩니다. 첫째, 기업의 존재 이유(Mission)에 기반한 사업관을 정립해야 합니다. 어떤 사업을 해야 할지 분석해 구체적인 방향을 정합니다. 보통 SWOT분석 등으로 분석 효율을 높일 수 있습니다. 둘째, 존재 이유(Mission)를 기반으로 어떻게 기업을 설계할 것인지 고민해야 합니다. 여기서 기업 설계의 예로 특정 사업 방향에 따라 효율성을 극대화하도록 하는 조직개편 등을 들 수 있습니다. 마지막으로 새롭게 변화될 기업을 효율적으로 이끌어갈 인재관이 필요합니다. 미래 기업의 모습을 그려 보며 인재 육성 시스템을 구축해 나갈 계획을 수립합니다.

3. 전략적 사고

전략적 사고는 급변하는 경영 환경에 적응하고 한걸음 더 나아가 미래 변화를 주도하거나 새로운 기회를 찾는 가이드라인(Guide line)이 될 수 있습니다. 전략적 사고를 통해 프로젝트 및 사업 의사결정에서 질적 향상을 도모하는 동시에 유한한 경영 자원을 최적 배분하고 낭비를 제거할 수 있게 됩니다.

전략적 사고를 위해서는 분석력 + 논리력 = 통합력 + a가 필요합니다. 예를 들어 분석력을 가지고 기업의 장단점이나 핵심과제를 파악할 수 있어야 합니다. 분석은 전체에 대한 구조적 이해가 기반이 되어야 하고 객관적이어야 합니다. 이를 바탕으로 논리적인 문제 해결 방안 내지 대안을 고안하여 리스크에 대비해야 합니다. 보통 가설과 검증 즉, 시뮬레이션을 거쳐 시행착오를 줄입니다. 마지막으로 이러한 자료들을 통합하여 구체화해야 하는데 이 과정에서 실행 방안을 창의적으로 제시하고 구조화하면 좋은 전략이 됩니다.

□ **성공적 경영전략 요소**

전략적 사고에 기반하여 프로젝트를 성공적으로 실행하기 위해선 객관적 분석과, 공감대 형성, 효율성 제고, 지속 관리가 필요합니다.

※성공적 경영전략 요소 4가지

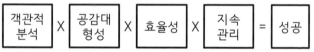

이 네 요소가 충족되지 못한다면 성공적으로 사업을 이끌어 나가기엔 많은 어려움이 있습니다. 예를 들어 객관적 분석 없이 잘못된 정보를 가지고 사업을 한다면 어떻게 될까요? 경쟁 업체 분석, 트렌드, 소비자 분석에서 잘못된 정보는 사업이 산으로 갈 가능성을 높이고 경쟁업체에 약점을 드러내게 될 것입니다. 또한 공감대를 갖추지 못한다면 조직원간 갈등이 일어나고, 갈등을 중재하는 데 시간을 낭비하거나 시행착오를 많이 경험할 것입니다. 이는 사업 능률 저하 및 실패로 이어질 수 있습니다. 효율성을 극대화하지 못한다면 인프라와 자원이 한정된 대부분 기업은 큰 손해를 보고 어려움을 겪게 될 것입니다. 사업에선 선택과 집중이 중요하고, 자원의 효율적 운영이 필수적입니다. 마지막으로 지속 관리가 안 된다면 사업이 단기적으로 반짝하고 말 가능성이 큽니다. 신규 사업이거나 유망한 사업일 경우 지속 관리가 반드시 필요합니다.

4. 전략 경영(strategic management)의 과정

전략 경영(strategic management)이란 기업이 설정한 장기 목표를 달성하기 위해 각종 정책들을 수립하고 자원을 전략적으로 배분하는 경영 활동을 말합니다. 전략은 크게 수립과 실행 두 가지로 구분할 수 있습니다. 전략을 수립하기 위해선 현재의 미션과 목표, 전략 등을 확인하고 분석해야 합니다. 분석 과정에서 자신의 약점과 장점을 철저하게 파악하고 외부 환경에서 기회와 위협 요소를 얼마나 객관적으로 분석하느냐도 중요합니다. 이를 바탕으로 기업 전체에서 사업부로 그리고 기능별로 달성 목표와 전략들을 전파하고 단위별로 실행 계획을 수립합니다. 여기까지 전략을 수립하였다면 전략 실행을 위해 가용자원을 효과적으로 동원하고, 경영 시스템을 효율적으로 운영하여 성과를 내야 합니다. 실행 과정을 통해 사업이 마무리되는 기간을, 보통 단기는 1년 단위로 보는데 이 기간 동안의 성과를 평가하고 반성하며 장기적으로 개선해 나갑니다.

5. 비전(Vision)과 미션(Mission)

전략 수립에서 비전 제시는 최고 경영자들의 가장 큰 역할입니다. 비전은 '기업이 미래에 달성하고자 하는 기업상'으로 기업의 위상과 미래를 향한 기업의 꿈을 실현하기 위해 갖추어야 할 역할과 발전의 기본 방향을 구체화한 것입니다. 보통 기업에선 미래에 기업이 달성하고자 하는 모습을 이미지화하여 전략에 적용하는데 앞으로 우리 기업은 어떤 모습이어야 하며, 이를 위해서는 어떻게 해야 할 것인지 기업 구성원 간 공감대를 형성하는 데 주목적이 있습니다. 또한 장기적으로 기업을 운영할 방향타 역할을 수행하기 때문에 기업의 궁극적인 방향과 모습을 나타낸 비전은 경영목적과 일관성을 가져야 합니다. 즉, 비전의 역할은 기업의 현재와 미래를 연결해 주는 고리입니다.

미션(Mission)은 기업에 사업 영역, 존재 이유, 기본 철학을 제시하여 비전을 더 구조화한 것입니다. 오늘날처럼 품질 의식 수준이 높고 경쟁이 고도화된 환경에서 미션(목표감)은 소비자 또는 고객의 니즈에 부응하는 데 중요합니다. 즉, 기업이 명확한 목표를 가지고 이를 충족시키는 방향으로 자원을 집중하는 데 중요한 역할을 합니다. 예를 들어 '세계 모든 운동선수에게 영감과 혁신을 제공한다(Nike).', '축구를 어느 곳에서 누구나 즐길 수 있도록 개발한다(FIFA).', '열정, 과학, 그리고 혁신을 끊임없이 추구함으로써 모든 운동선수를 더 향상시킨다(Under Armour).'라는 미션은 사업의 방향성이나 전략의 기초가 됩니다. 기업은 이런 목표에 맞추어 자원을 집중하고 충족하기 위해 최선을 다합니다.

6. 전략의 실행수준

기업 전략의 실행은 의사 결정의 중요도와 책임 범위에 따라 여러 단계로 구분할 수 있습니다. 예를 들어 전략 부서들은 기업의 비전과 미션을 중심으로 사업 부서나 기능 부서에서 나오는 제안들을 검토합니다. 또한 관련 사업 단위들 사이의 연계성을 발견하고 전략적 우선순위에 따라 자원을 할당하거나 인력·인프라를 지원합니다. 선택된 사업 부서들은 전략 부서의 지원을 바탕으로 개별 사업 단위의 목표를 성공적으로 달성하고자 합니다. 이를 위해 사업의 장기적 경쟁 우위를 구축하고 공고히 할 방안을 모색하는 데 초점을 맞춥니다. 이를 바탕으로 기능 부서들은 사업 부서가 전략을 실행하기 쉽도록 기능 단위별 전략을 구체화합니다. 예를 들어 제품 기획, 영업 활동, 자금 조달 등 세부적인 수행 방법 등을 결정합니다.

7. 경영전략 수립 과정

STEP1	STEP2	STEP3	STEP4	STEP5	STEP6
MISSION 정의	외부 역량 분석	내부 역량 분석	SWOT 분석	기본 목표 설정	기본 전략 수립

STEP 1. 기업 MISSION의 정의

MISSION은 기업의 존재 이유로, 달성하려고 하는 성과 또는 목표입니다. 기업은 누구를 위해 존재하는가? 고객을 위해 무엇을 할 것인가? 어떻게 할 것인가? 등에 대한 정의이기도 합니다. 미션은 '누구에게, 무엇을, 어떻게' 핵심 3요소로 구성되는데 보통 '누구'는 내·외부 고객부터 주주, 최고 경영자까지 다양한 이해 관계자들을 말합니다. '무엇'은 제품·정보·서비스·브랜드 이미지를 말합니다. 마지막으로 '어떻게'는 어떻게 하면 더 싸게, 더 빨리, 더 빠른 시간에 우수한 품질의 제품을 많이 생산할지를 고민하는 것입니다. 이러한 미션은 성과의 기본 목표가 됩니다.

STEP 2. 외부 역량 분석(환경의 기회(o)와 위협(T))

외부에서 영향을 줄 수 있는 변수는 이해관계자와 환경변화 두 가지로 나눌 수 있습니다. 우선 주요 이해관계자(고객, 상위단체 등)의 기대를 바탕으로 사업에 영향을 미치는 주요 변화와 추세(경제, 해외경향 등)를 파악합니다. 이해관계자란 기업에 영향력을 행사할 힘을 가지고 있거나 기업의 행위에 중요한 영향을 받는 사람, 기업, 기관이라고 할 수 있습니다. 구체적으로 고객, 경영자, 기업구성원, 정부, 지방자치단체, 경쟁사, 공급업자 등이 있겠습니다. 이들은 기업과 독특하게 연관을 맺으며 저마다 고유한 요구와 기대를 갖기에 경영목표를 선택하는 데 직·간접적으로 영향을 줍니다. 이해관계자 중에서는 고객, 정부, 지방자치단체 등 관계가 있는 핵심집단을 분석하는 게 효율적입니다.

둘째, 미래 환경 변화를 파악해야 합니다. 적합한 경영목표를 세우려면, 10년에서 20년까지 미래를 내다볼 수 있어야 하는데 문제는 미래를 정확히 예측할 필요는 없으며 예측할 수도 없다는 점입니다. 대신 가능한 결과의 범위와 성격을 이해하고 대처해야 합니다. 미래는 연속적이고 다변하기에 범주를 한정해야 하는데 보통 제품·서비스에 대한 욕구 변화, 경제, 사회, 정치, 기술, 경쟁, 고객 환경의 변화 등을 주로 파악합니다. 예를 들어 경제성장 환경에서는 정책·국민소득·경제성장을 사회 환경에서는 환경오염, 국민소득 증가로 인한 3D 업종 변화 등을 살펴볼 수 있습니다. 정치 환경 측면에선 정부의 환경보호 정책, 남북 경제협력 정책 등도 중요합니다. 기술 환경 측면에선 원가절감이나 품질 향상을 위한 기술변화 등을 분석해 볼 수 있습니다. 경쟁 측면에선 신규 경쟁자와 신규시장, 고객 특성에선 고객의 니즈, 유통 경로 등을 살펴볼 수 있습니다. 이외 자재 공급자(공급원의 신뢰성, 단가, 운송, 정치 상황 등), 노동 및 자금시장 등(금융 환경변화, 노동력 확보 등)도 중요한 분석 요소입니다.

STEP 3. 내부 역량 분석

세기의 철학자 소크라테스는 "너 자신을 알라."라고 했습니다. 기업도 스스로의 강점(Strength)과 약점(Weakness)을 제일 먼저 파악해야 합니다. 강점(Strength)은 시장에서 경쟁 우위를 차지 할 능력이고 약점(Weakness)은 경쟁자들 대비 빈약하거나 전혀 가지고 있지 않은 능력입니다.

기업에서는 강점과 약점을 분석할 때 다섯 가지 정도 입장에서 접근합니다. 첫째, 인력 측면에서 접근할 수 있습니다. 종업원의 기술 수준, 노사 관계, 인사 정책, 복리 후생, 이직률, 경영자의 전문성 등입니다.

둘째, 기업 측면에서 분석할 수 있습니다. 기업 이미지, 경영 시스템, 규제와 정부에 대한 영향력, 연구·개발 능력, 경영층 능력과 관심, 의사소통 시스템 등입니다.

셋째, 재무·회계 측면에서 분석합니다. 기업의 자금 동원력, 재무계획, 원가, 예산, 비용 절감 능력 등이 예입니다.

넷째, 생산·기술 분석입니다. 자재 관리 시스템, 가동률, 구매, 품질관리, 경쟁자에 비해 유리한 원가, 기술상의 강점,

연구 · 개발(R&D)/기술 혁신 등입니다.

다섯째, 판매와 유통입니다. 시장점유율, 서비스의 질, 판매력, 광고, 효율적인 가격 정책 등입니다. 이러한 변수를 분석해 기업 내부를 객관적으로 파악한 후 약점을 보완하고 강점을 최대한 활용, 효과적인 사업 전략을 세울 수 있습니다.

STEP 4. SWOT 분석

SWOT 분석은 앞서 외부 환경과 내부역량의 분석 결과를 체계적으로 비교하는 방법입니다. 하지만 단순히 강점과 약점, 기회와 위협 요인을 나열하는 것이 아닙니다. 기업의 전략과 관련지어 사업을 분석하고 체계적으로 정리해야 합니다. 기업은 SWOT 분석을 통하여 미래 '사업기회'를 발굴하기 위한 전략을 세우고 다가올 '위협'에 대비할 수 있게 됩니다. 또한 기존 사업의 선별 육성, 신규 사업 진출, 부족한 경영자원이나 경영능력 강화, 경영 시스템 수준 향상을 위한 전략을 도출할 수 있습니다. 단, 경영자는 기업의 Mission과 핵심역량, 고객의 니즈 등을 고려하여 도출된 다양한 전략 간 우선순위를 정해야 합니다.

SWOT 분석에서 개별요소 분석은 기본이며 이를 가지고 각각 외부 환경(O, T)과 내부 환경(S, W)의 공통점과 차이점을 도출해 S/O 전략, S/T 전략, W/O, W/T 전략 네 가지로 분류해야 합니다. 하지만 많은 실무자가 단순 비교로 분석을 끝내고는 합니다. CEO나 관계자들은 현재 사업을 분석해서 강점과 약점 및 기회요인을 알고 싶어 하는 것은 물론이고, 이를 통해 사업을 잘 풀어 나갈 방법을 모색하고 싶어 합니다. 따라서 분석을 통해 핵심 전략과 대안을 도출해야 하며 한눈에 볼 수 있도록 정리해야 합니다. SWOT 분석은 사업계획 수립 등 기업 전략의 기초자료가 됩니다.

전략 과제 설정		기회(O) -O1 -O2	위협(T) -T1 -T2
강 점 (S)	-S1 -S2	I Max-Max(S,O) -S1·O1 -S2·O2	II Max-Min(S,T) -S1T1 -S2T2
약 점 (W)	-W1 -W2	III Min-Max(W,O) -W1·O1 -W2·O2	IV Min-Min(W,T) -W1T1 -W2T2

구분	특 징
I Max-Max (S,O)	강점을 적극 활용하여 기회에 도전하는 활성화 전략 모색
II Max-Min (S,T)	내부강점을 극대화하여 외부 위협에 대응하는 전략 모색
III Min-Max (W,O)	기회를 위해 약점을 강점으로 전환시키는 전략 모색
IV Min-Min (W,T)	위협을 초래하는 약점을 보완하는 전략 모색

전략 대안(예시)
· 생산체제의 최적화
· 조직 · 인력구조 혁신
· 경쟁력 확보 시스템 구축
· 사업구조 다각화
· 마케팅 기능 강화
· 첨단 기술력 확보
· 종합복지 실현

STEP 5. 기본 목표 설정

기본 목표는 SWOT 분석 결과 제시된 대안 중에서 영향력이 가장 큰 목표 중에 선정합니다. 즉, 외부 환경 변화에 대응하고 핵심 역량을 발휘할 수 있는 대표 목표로 선정됩니다.

구성원이 충분히 도전해 볼 만한 수준에서 정해질 때 기본 목표는 생산적이고 동기부여가 될 수 있습니다. 예를 들어 "우리는 향후 15년에 걸쳐 XXX 생산 능력의 극대화를 통해 아시아 시장을 커버할 수 있는 세계 최대 회사가 된다.", "우리는 향후 10년에 걸쳐 환경문제를 적극적으로 해결하여 사회적 책임을 다하는 환경보호 리더가 된다.", "우리는 향후 5년에 걸쳐 슬림화 · 정보화 · 자동화를 적극 추진하여 고객에게 최저가격의 XXX를 공급할 수 있는 최저가격의 리더가 된다." 등입니다. 이처럼 기본 목표는 기간이 명시되고, 계획이 명확한 전략을 도출할 수 있어야 합니다.

STEP 6. 기본 전략 수립

기본 목표가 수립되었다면, 구체적인 전략을 세워야 합니다. 세부 사업별 목표를 세우고 어디에 어떻게 집중하고 실행할 것인지 아웃라인을 잡습니다. 보통 1년은 단기, 5년은 중기 10년 이상은 장기 사업입니다. 기본 전략 수립에서는 더 구체적인 전략과 대안 그리고 성과 목표를 계획합니다. 특히 성과는 숫자로 표현할 수 있는 계량적 성과와 주관적인 비계량 성과로 나눌 수 있는데 이를 통해 사업을 피드백하고 차후 전략 개선에 활용합니다. 예를 들어 Fitness 센터를 운영하는 데 스포츠 영업 목표를 1년에 1000만 원으로 잡았다면 매출액은 계량적 성과가 될 것이고 고객 파트너십 구축과 시장 정보력 강화 등은 비계량적 성과가 될 것입니다. 이처럼 계량적·비계량적 성과에 대한 구분은 평가 효율성을 높여 주고 목표 달성 동기를 부여합니다.

제11장

스포츠 비즈니스를 위한 도구들

1. 브레인스토밍(Brainstorming)

기업에서 아이디어가 필요할 때 흔히 브레인스토밍 기법을 사용합니다. 브레인스토밍은 창의적인 아이디어를 찾기 위한 학습/회의 방법으로 오스본(Osborn, A. F.)이 개발하였습니다.

브레인스토밍은 참가자(stormer)들이 비판을 자제하고 받아들이면서 자유롭게 아이디어를 내는 분위기 속에서 진행됩니다. 리더는 비자발적인 참가자나 자기주장이 강한 특정인이 효율성을 떨어뜨리지 않도록 잘 이끌어야 합니다. 또한 전원이 아이디어를 낼 수 있도록 배려하고 조정해야 합니다.

하지만 브레인스토밍으로 제대로 된 아이디어를 도출하기란 생각보다 쉽지 않습니다. 브레인스토밍에 성공하려면 첫째, 주제를 명확히 하되 한정하지 말아야 합니다. 주어를 고객이나 구체적인 사업 과제로 정하고 범위를 좁혀 가야 합니다. "우리 경기장을 방문하는 고객들이 쉽게 길을 찾는 방법은?"처럼 명확해야 합니다. 만약 "IT를 활용해서 매출을 높일 방법은?"이라고 묻는다면 IT를 활용하라는 조건 때문에 발상이 제약되고 아이디어를 내야 하는 범위가 너무 넓어 회의 시간 내에 좋은 아이디어를 도출하기가 어렵습니다. 구성원들이 낸 수많은 의견을 분류하는 데 시간을 더 쓰게 될지도 모릅니다.

둘째, 아이디어를 숫자로 표현하면 집중력을 높일 수 있습니다. "우리 1시간 동안 아이디어를 10개씩 내 봅시다."라고 제안해 보는 것도 좋습니다. 아이디어의 질적인 향상은 물론이고, 명확한 숫자가 참가자를 자극하는 도구가 될 수도 있습니다.

셋째, 진행자는 논의의 흐름이 멈추지 않도록 독려해야 합니다. 브레인스토밍을 하다 보면 지루해지면서 논의의 흐름이 약해질 경우가 많은데, 리더는 이럴 때 아이디어를 계속 도출해 나가도록 다른 관점으로 논의를 유도해야 합니다.

넷째, 주고받은 아이디어를 벽에 적어서 가시화합니다. 서로 의견을 공유하고, 정리하기에 좋은 방법입니다. 큰 칠판에 포스트 잇을 이용해 키워드를 적어서 표현하는 등 창의적으로 가시화해도 좋습니다. 또한 물건을 활용하는 것도 좋은 방법입니다. 판매할 상품을 직접 만지고 조합해 보면서 아이디어를 더 효과적으로 구체화할 수 있습니다. (톰 켈리, 2012)

브레인스토밍에서 나온 아이디어들이 종종 상급자 때문에 무용지물이 되고. 위축되는 경우가 많습니다. 상급자가 "이 상품 많이 팔아야 하니까 아이디어 하나씩 돌아가면서 말해

봐요." 하면 발상의 자유가 제한되고 구성원들이 심리적으로 위축됩니다. 아이디어를 쉽게 꺼내기 어려워지는 것입니다. 브레인스토밍 시 장소와 분위기도 중요합니다. 딱딱한 회의실보단 개방적인 공간에서, 전부 기록하는 것보단 키워드를 자유롭게 주고받으면서 엉뚱한 아이디어를 인정해 주고 함께 고민합니다. 덧붙여, 전문가만 맹신하는 건 브레인스토밍의 창의적인 역할을 막는 함정이 될 수 있습니다.

2. 스포츠 심리와 리더십

어떤 이를 일하게 하거나 마음을 움직여야 할 때 보상은 가장 전통적이고 중요한 기제입니다. 이 외 기제로 위협이나 경쟁도 있습니다. 하지만 산업이 발전하고 경영 환경이 다변화하면서 기존의 보상, 위협, 경쟁 같은 기제보다는 원초적인 동기 부여를 통한 구성원의 창의적이고 자발적인 참여가 더 중요시되고 있습니다.

과거엔 리더십 도구로 보상이나 위협 또는 경쟁을 이용, 단순반복 작업을 시키고 적절한 보상으로 통제하면 생산성이 일시적으로 향상된 적이 있었습니다. 그러나 이는 보상이 반드시 주어질 때만 효과가 나타난다는 단점이 있었습니다. 사람은 원초적으로 외부에 조종당하지 않고 스스로 선택할 때 더 생산적으로 행동할 수 있습니다. 자율성은 인간의 본성이기 때문입니다. (Deci, E. L., & Ryan, R. M., 1991) 보상이 주요 관심사가 되면 빠르고 손쉬운 방법을 선택하게 됩니다. "1시간 안에 해내면 얼마를 주겠다."라고 하면 다음에 금전적 보상이 주어지지 않으면 하지 않게 됩니다. 1시간을 어떻게든 때우려 하고 어려운 문제에 창의적으로 도전하지 않게 됩니다.

강압이나 위협 같은 외적 동기부여로는 자율성이 약해지기 쉽습니다. 누군가에게 통제받고 있다고 느끼면 스스로 선택했다는 감각이 약해지며 그로 인해 내적 동기가 약해지기 때문입니다.

업무목표 강요, 데드라인 설정, 감시 등은 위협 요소입니다. 또한 상대팀과 경쟁시키는 것도 내적 동기 부여 즉, 자율성을 약화시킬 수 있습니다. 자율성에 기반한 내적 동기를 부여하기 위해선 위협이나 경쟁은 피해야 합니다. 요즘 MZ세대처럼 새로운 변화에 능동적인 세대는 내적 동기부여를 통한 자율성을 중요시하며 기업에서도 이러한 문화를 인정하고 새로운 세대에 맞춰 변화를 주고 있습니다.

"칭찬은 고래도 춤추게 한다."라는 말처럼 스포츠 경영자는 구성원이 장기적으로 즐거움이나 성취감을 느낄 수 있도록 내적 동기를 부여하는 데 집중해야 합니다. 스스로 선택해서 행동했다는 생각이 들면 구성원은 큰 만족을 얻고 성과가 좋아지고 생산성도 오를 것입니다. 관리나 통제만 받으면 무기력해지고 스스로 아무것도 못 하게 될 수도 있습니다.

물론 무기력함에 대해 더 강하게 벌을 주고 통제해야 한다는 경영자들도 있습니다. 그러나 가급적 통제를 그만두고 자율성을 인정해 줘야 합니다. 구성원을 인격체로 인정하고 유능하고 자율적이라는 자각을 일으켜 내적 동기를 유지하게 해야 합니다. 구성원의 내적 동기를 이끌어 내는 것은 조직의 성과에도 중요하며, 리더로서 발휘해야 할 자질이기도 합니다. 섣부른 성과주의와 통제가 구성원의 자율성을 훼손하지 않게 스포츠 리더는 항상 주의해야 합니다.

3. 스포츠 상품의 몰입

스포츠 상품을 소비하는 소비자들은 간혹 몰입을 경험합니다. 예를 들어, PT 강습에 너무 몰입해서 시간 가는 줄 모르는 것입니다. 이를 플로우(Flow)라고 하는데 시간이 순식간에 지나가는 등 최상의 몰입상태를 경험하게 되는 걸 말합니다. 스포츠 상품을 판매하는 사람들은 고객이 상품을 통해 몰입감을 경험할 수 있도록 노력해야 합니다. 몰입하게 만드는 방법엔 무엇이 있을까요. 첫째, 무엇을 해야 할지 명확해져야 합니다. 목표를 정하세요. '실지로 조깅을 통해서 일주일 안에 살을 2kg 정도 빼야겠어.'라고 명확히 생각하면 조깅에 더 집중하게 될 것입니다. 둘째, 결과에 대한 피드백입니다. 조깅을 하고 나서 얼마나 잘해 냈는지 알 수 있을 때 몰입을 경험할 수 있습니다. 요즘엔 자신의 운동에 대한 피드백을 제공해 주는 휴대폰 애플리케이션(Application)이 많이 나와 있습니다. 이런 앱들은 운동 몰입도를 높이고 더 높은 목표를 세우는 데 도움을 줍니다. 셋째, 더 수준 높은 기술에 도전하는 것입니다. 적절한 도전은 자신감을 채우고 몰입을 돕습니다. 하지만 너무 쉽거나 도전하기 벅찰 정도로 어려운 과제를 선정한다면 역효과가 날 수 있습니다.

이런 세 요소를 통해 완전히 스포츠에 집중할 수 있다면 잡념이 사라집니다. 자신에 대한 자각이 사라지고 몇 시간이 몇 분처럼 흘러가는 것처럼 느껴집니다. 이런 몰입을 통해 신체와 정신 능력을 고양하고 최고의 창조성을 발휘할 수 있습니다. 좋아하는 일을 능동적으로 하면 플로우가 일어나기 쉽습니다. 좋아하는 일이라도 수동적으로 해서는 플로우가 일어나지 않습니다. 스포츠 상품을 제공할 때는 물론이고 기업에서도 구성원들이 무언가에 몰두해 플로우를 경험할 수 있다면, 개개인의 인생이 행복해지면서 창조적인 무언가를 만들어 내게 될 것입니다.(Csikszentmihalyi, M., 1997)

수업을 마치며

　『스포츠 비즈니스 실무론』은 100년 역사를 가진 레저 기업에서 실무자로 생활하면서 온몸으로 겪은 실무적인 내용과 연구한 이론 등을 사회 초년생의 관점에서 저술한 교재입니다. 스포츠 비즈니스 관련 현장에서 사용되는 엄선된 지식을 현장 맞춤형으로 설명하고 생생한 사례를 풍부하게 활용하여 학생들의 이해를 도우려고 노력하였습니다.

　오늘날 스포츠나 레저의 경제적 가치는 매우 중요하며 많은 관련 직업이 탄생하고 있습니다. 하지만 이러한 흐름을 이해하고 산업과 기업들의 가치나 생리를 학습하기 위해서는 특별한 연습이 필요합니다. 독자들은 이 책을 통해 기업의 경영 전략, 미디어, 재무, 인사, 마케팅, 리더십 등 현장의 생생한 지식들을 통해 이론을 넘어 스포츠 비즈니스 실무 현장에서도 실질적인 도움이 될 수 있으리라 믿습니다. 독자들은 이 책으로 충분히 연습하고, 시장 흐름을 이해하여 장차 훌륭한 현장 맞춤형 전문가가 되기를 바랍니다.

용어 정리

- 가치사슬(value chain): 1985년 미국 하버드대학교의 마이클
포터(M. Porter)가 모델로 정립한 이후 광범위하게 활용되
고 있는 이론 틀로, 부가가치 창출에 직접 또는 간접적으로
관련된 일련의 활동·기능·프로세스의 연계를 의미한다.

- 기업어음(commercial paper): 신용상태가 양호한 기업이 상거
래와 관계없이 단기자금을 조달하기 위해 자기신용을 바탕
으로 발행하는 만기가 1년 이내인 융통어음이다. 상거래에
수반하여 발행되고 융통되는 진성어음과는 달리, 단기자금
을 조달할 목적으로 신용상태가 양호한 기업이 발행하는
약속어음으로, 기업과 어음 상품 투자자 사이의 자금 수급
관계에서 금리가 자율적으로 결정된다. 기업어음은 기업이
갖고 있는 신용에만 의지해 자금을 조달하는 것이 특징으
로, 기업의 입장에서는 담보나 보증을 제공할 필요가 없다
는 장점이 있다.

- 기타 자본 잉여금(other capital surplus): 주식 발행 초과금, 감자차익, 합병차익 이외의 자본잉여금으로 여기에는 자산수증이익, 채무면제이익, 자기주식처분이익, 전환권대가, 신주 인수권 대가 등이 있다.

- 기타 포괄손익 누계액(other comprehensive income): 당기순손익에 포함되지 않으나 순자산 변동을 발생시키는 항목. 당기순이익에 기타포괄손익을 가감하여 산출한 포괄손익의 내용을 주석으로 기재한다.

- 고정부채(fixed liabilities): 유동부채 이외의 부채(비유동 부채)를 말하는 것으로 결산일 또는 대차대조표일로부터 기산하여 지급기한이 1년 이내에 도래하지 않는 부채를 말한다. 고정부채에 속하는 항목으로는 사채, 장기차입금, 퇴직급여충당금, 특별수선충당금 등과 같은 장기적 부채성충당금 등이 있다. 고정부채는 기업의 재정상태를 판단하는데 있어서 자기자본과 함께 장기적인 고정 자금원천을 표시하는 중요한 항목이 되고 있다.

- **구전효과(word of mouth effect)**: 구전 과정에서 발생하는 구전 정보가 수신자에게 미치는 커뮤니케이션 효과를 지칭하는 말. 구전 정보는 쌍방향 커뮤니케이션이라는 특성이 있고 정보 수신자에게 필요한 정보를 정확하게 제공할 수 있다.

- **관여도(involvement)**: 소비자들이 재화나 서비스를 구매할 때 정보 탐색 과정에 시간과 노력을 기울이는 정도. 소비자들은 제품을 선택할 때 많은 시간과 노력을 들이기도 하고, 별다른 고민 없이 신속하게 결정을 내리기도 하는데, 이는 제품의 종류나 가격, 구매 목적에 따라 달라진다. 이렇게 재화나 서비스에 관심을 가지는 정도에 따라 저관여 구매행동(Low-involvement buying behavior)과 고관여 구매행동(High-involvement buying behavior)으로 나뉜다.

- **뉴로 마케팅(neuro marketing)**: 뇌 속에서 정보를 전달하는 신경인 뉴런(neuron)과 마케팅을 결합한 용어로 뇌신경과학, 뉴로 이미징 기법을 통해 소비자의 무의식에서 나오는 상품에 대한 감정, 구매 행위를 분석해 기업의 마케팅 전략에 효과적으로 적용하는 기법. 뉴로 마케팅은 뇌 영상 촬영,

뇌파 측정, 시선 추적 등 뇌 과학 기술을 이용해 소비자의 뇌 세포 활성이나 자율신경계 변화를 측정하여 소비자 심리 및 행동을 이해하고 이를 마케팅에 활용하고자 하는 시도다.

- 단기 **금융상품**(short-term financial instruments): 금융기관이 취급하는 예금 등으로 단기적 자금운용 목적으로 소유하거나 만기 1년 이하의 금융상품, 유동자산으로 분류된다. 양도성예금증서(CD), 환매조건부채권(RP), 어음관리계좌(CMA), 신종기업어음(CP), 금전신탁, 정기예금, 정기적금, 초단기수익증권(MMF), 수시 입출금식 예금(MMDA) 등이 이에 해당된다.

- **당기순이익**: 일정기간(해당기간)의 순이익을 의미한다. 순이익이란 매출액에서 매출원가, 판매비, 관리비 등을 빼고 여기에 영업외 수익과 비용, 특별 이익과 손실을 가감한 후 법인세를 뺀 것이다.

- **당기순손익**(net profit or loss): 손익계산에 있어서 당기의 총수익에서 총비용을 뺀 순액을 말한다. 순액이 플러스일 때

에는 당기순이익, 마이너스 일 때에는 당기순손실로서 표시되어 자본의 증감을 표시하는 것이다.

- 당좌자산(quick assets): 대차 대조표일로부터 1년 내에 현금화될 수 있는 유동자산 중 기업이 원할 경우 즉각적인 현금화가 쉬운 자산을 말한다. 기업회계기준상 현금 및 현금등가물, 단기금융상품, 유가증권, 매출채권, 단기대여금, 미수금, 미수수익, 선급금, 선급비용 등이 있다.

- 라이프 스타일(life style): 개인이나 가족의 가치관 때문에 나타나는 다양한 생활양식 · 행동양식 · 사고양식 등 생활의 모든 측면의 문화적 · 심리적 차이를 전체적인 형태로 나타낸 말.

- 매입채무(account payables): 기업의 주된 영업활동과정 중 원재료의 구입과 같은 일반적 상거래에서 발생한 외상매입금과 지급어음을 말한다. 따라서 설비구입대금 등과 같이 일반적인 상거래 이외에서 발생한 채무는 미지급금으로 계상하여야 하고 차입을 위하여 금융기관에 발행한 어음은 단기차입금으로 분류하여야 한다.

- 매출채권(account receivable): 기업의 주된 영업활동 과정에서 재화나 용역을 판매하는 것과 같은 수익창출 활동으로부터 발생한 채권을 말한다. 즉, 매출채권이란 당해 기업의 사업목적을 위한 경상적 영업활동인 재화의 판매 및 용역의 제공과 관련된 신용채권으로서 외상매출금과 받을 어음이 이에 해당한다.

- 미니멀리즘(minimalism): 단순함과 간결함을 추구하는 예술과 문화적인 흐름을 말한다.

- 문화(culture): 문화는 사회에서 공유되고 전해 내려오는 학습된 신념과 가치, 태도, 관습, 행동 등을 말한다.

- 비유동 자산(non-current assets): 유동자산에 대응되는 개념으로 기업의 자산 중 유동성을 충족하지 않는 모든 자산을 가리키며, 일반적으로 1년 이상 기업 내에 체류하는 자산을 가리킨다. 이전엔 '고정자산(fixed asset)'이라 하였다.

- 법인세비용(corporation tax): 법인세는 주식회사와 같은 법인 기업의 소득에 대하여 부과하는 세금을 말한다. 기업은 각

사업연도의 순손익을 기준으로 하여 과세소득금액을 계산하고, 이것에 소정의 세율을 곱하여 당기에 부담하여야 할 법인세액을 계산한다. 법인세비용에는 주민세를 포함한다.

- 브레인스토밍(brainstorming): 일정한 테마에 관하여 회의형식을 채택하고, 구성원의 자유발언을 통한 아이디어 제시를 요구하여 발상을 찾아내려는 방법. 1941년에 미국의 광고회사 부사장 알렉스 F. 오즈번이 제창하여 그의 저서《독창력을 신장하라》(1953)로 널리 소개되었다.

- 사내 유보금(이익잉여금): 재무 상태표상 자본 항목의 자본잉여금과 이익잉여금을 편의상 합쳐놓은 것으로, 상법상 잉여금에 해당한다. 회사가 이익을 남기면 주주들은 배당이나 자사주 매입 등을 통해 그 이익을 가져간다. 그러나 매번 모든 이익을 주주들이 가져가면, 회사는 미래의 위험에 대비할 수도 없고 성장하기 위한 투자를 할 수도 없다. 경영자들은 회사의 미래를 위해 주주들을 설득하여 이익의 일부를 회사 밖으로 가져가지 말고 회사 내부에 유보하도록 하는데, 그것이 바로 사내유보금이다.

- 사회계급(social class): 동일한 지위에서 유사한 의식과 생활을 공유하는 집단. 전체 사회구조에 있어서 세력분배의 차등에 의해 형성되는 상하관계, 지배와 복종의 관계이다. 계급은 권력 등의 정치적 세력, 소유 · 부(富) 등의 경제적 세력, 권위 · 명성 등의 사회적 세력의 차별에 의해 분류되는 사회집단을 뜻한다. 계급은 사회구조와 변동의 실질적 내용이 되며, 인간의 태도와 행위를 좌우하는 중요한 요인이다.

- 손익계산서(income statement): 일정기간 동안 발생할 수익과 비용을 기록하여 당해 기간 동안 얼마만큼의 이익 또는 손실을 보았는지 경영성과를 보여 주는 보고서이다. 즉, 손익계산서는 일정 기간 동안 기업의 경영성과에 대한 정보를 제공하는 재무보고서로 당해 회계기간의 경영성과를 나타낼 뿐만 아니라 기업의 미래 현금 흐름과 수익창출 능력 등의 예측에 유용한 정보를 제공한다.

- 손익분기점(break-even point): 손익분기점이란 일정 기간 수익과 비용이 꼭 같아서 이익도 손실도 생기지 않는 경우의 매출액을 말한다. 이윤 극대화를 목적으로 하는 기업은 경

기침체나 경쟁회사 등장 등 어떠한 경영환경 변화에도 손익분기점 이상의 매출액을 달성해야 장기적으로 유지될 수 있다.

- 이익잉여금(earned surplus): 이익잉여금은 기업의 경상적인 영업활동, 고정자산의 처분, 그 밖의 자산의 처분 및 기타 임시적인 손익거래에서 생긴 결과로서 주주에게 배당금으로 지급하거나 자본으로 대체되지 않고 남아있는 부분을 말한다.

- 이익잉여금 처분계산서(surplus appropriation statement): 기업의 이월 이익잉여금의 변동 사항을 나타내는 재무제표로서 전기와 당기의 대차대조표일 사이에 이익잉여금(손익거래에 의해 발생한 잉여금이나 이익의 사내유보에서 발생하는 잉여금)이 어떻게 변화하였는가를 기재한 양식을 말한다.

- 이연법인세 자산(deferred tax asset): 이연법인세 자산은 기업회계상 손익인식 기준과 세무회계상 과세소득 인정기준의 차이로 인해 발생하게 되는데, 세법에 의한 법인세 비용이 기업회계에 따른 법인세 비용보다 큰 경우 발생하게 된다.

- 의견지도자(Opinion Leader): 어떤 집단 내에서 타인의 사고방식이나 행동에 강한 영향을 주는 사람. 직장생활을 하거나 기타 사회생활을 하게 되면 해당 집단 안에서 다른 사람들의 사고방식이나 태도ㆍ의견ㆍ행동 등에 강한 영향을 주는 사람이 있기 마련인데, 이처럼 타인의 사고나 행동에 영향력을 행사하는 사람을 가리켜 의견지도자라고 한다.

- 영업외손익(non-operating profit and loss): 기업 본래의 영업활동 이외의 원천으로부터 발생한 손익을 말하는 것으로 이자수익ㆍ배당수익ㆍ유가증권매각이익ㆍ유가증권평가이익ㆍ지분법평가이익 등 영업외이익에서 이자비용ㆍ유가증권매각손실ㆍ유가증권평가손실ㆍ지분법 평가손실 등 영업외 비용을 차감해서 계산한다.

- 에스노그라피(Ethnography): 특정 집단 구성원의 삶의 방식, 행동 등을 그들의 관점에서 이해하고 기술하는 연구 방법이다. 문화의 고유성을 인정하고, 사람들이 어떻게 지각하고 행동하는가를 그들이 속한 일상적ㆍ문화적 맥락 속에서 파악한다.

- 유동부채(current liabilities): 1년 이내에 상환해야 하는 채무를 말한다. 외상매입금과 지급어음, 금전채무, 일반적으로 기한 1년 이내의 단기차입금, 미지급금, 미지급비용, 선수금, 예수금, 충당금 등이 해당한다.

- 유동자산(current assets): 1년 이내에 현금으로 바꿀 수 있는 자산으로서 당좌자산과 재고자산으로 분류된다. 당좌자산은 현금 및 현금등가물, 단기금융상품, 유가증권, 매출채권, 단기대여금, 미수금, 미수수익, 선급금, 선급비용, 기타의 당좌자산이며, 재고자산은 상품, 제품, 반제품, 재공품, 원재료, 저장품, 기타의 재고자산이 이에 해당된다.

- 자금수지표(funds receipts and disbursement): 자금의 흐름을 체계적으로 인식하기 위해 자금의 수입과 지출을 관리하고 통제하는 것을 목적으로 작성하는 문서를 말한다. 자금수지표에는 현금매출 및 차입금 등의 자유유입 항목과 제경비, 임차료, 시설비 등의 소요자금을 구분하여, 그 내역을 상세히 기록하고 합계를 산출한다.

- 자금수지계획표(funds receipts and disbursement planning): 자금의 흐름을 체계적으로 인식하기 위해 자금의 수입과 지출을 관리하고 통제하는 것을 목적으로 작성하는 문서를 말한다.

- 자본거래 잉여금(capital surplus): 회사의 영업이익 이외의 원천에서 발생하는 잉여금을 의미한다. 잉여금은 기업회계상 회사의 순자산액이 법정자본액을 초과하는 부분으로, 자본거래에서 생긴 자본잉여금과 손익거래에서 생긴 이익잉여금이 있다.

- 자본변동표(statement of changes in equity): 기업의 경영에 따른 자본금이 변동되는 흐름을 파악하기 위해 일정 회계기간 동안 변동 내역을 기록한 서식을 말한다. 자본은 기업의 자산과 부채를 제외한 순 자산을 뜻하며 자본을 구성하는 요소에는 납입자본(자본금, 자본잉여금), 이익잉여금, 기타포괄손익누계액, 기타 자본구성요소 등이 있다. 자본변동표는 자본의 변동 상황을 확인할 수 있는 재무제표라고 볼 수 있다.

- **자본조정(capital adjustment):** 특성상 자본에 부가하거나 차감하여야 하는 계정 또는 자본의 구성항목 중 어느 계정에 계상하여야 하는지 불분명하여 회계상 자본총액에서 가감하는 형식으로 기재하는 항목을 말한다. 자본조정에는 주식할인발행차금, 배당건설이자, 자기주식, 미교부주식배당금, 해외사업환산차대, 투자유가증권평가손익 등이 있다.

- **자산현황표(asset status table):** 현재 보유자산과 변동 내용을 확인하기 위해서 자산현황표를 작성한다. 자산현황표는 당일의 수입 및 지출 내역을 관리할 때 필요한 서식으로 일반사항(회사명, 대표자명, 작성일)과 거래내역(전일시재, 금일수입, 금일지출, 금일시재)을 기록한다.

- **장기성 매입채무(long-term trade payables):** 장기성 매입채무는 대차대조표 작성일로부터 1년 이상이 경과한 후에 지급기일이 도래하는 장기외상매입금과 장기성지급어음을 말한다. 장기외상매입금은 일반적으로 액면가액이 지급기일에 지급해야 하는 이자비용까지 포함된 금액이기 때문에 시장이자율로 할인하여 현재가치를 순수한 장부가액으로 평가하고, 장기성지급어음 역시 시장이자율을 적용하여 계

산한 현재가치를 순수한 고정부채의 장부가액으로 평가하여 나타낸다.

- 장기차입금(long-term borrowing): 일반적으로 차입금의 지급기한이 재무 상태표일로부터 1년을 초과하는 것을 말하며 이는 비유동부채로 취급된다.

- 재고 자산(inventories): 유동자산 중에서 판매과정을 통하여 현금화할 수 있는 자산으로, 기말에 재고조사를 필요로 한다. 용도별로 보면, 일상적인 영업활동 과정에서 판매를 목적으로 보유하는 상품, 판매되는 제품의 생산을 위해 생산과정에 있는 반제품, 그리고 생산을 위하여 직접, 간접으로 소비되는 원재료, 저장품 등으로 구분된다.

- 재무상태표(statement of financial position): 재무상태표는 일정한 시점에 현재 기업이 보유하고 있는 재무 상태를 나타내는 회계보고서로 차변에 자산과 대변에 부채 및 자본으로 구성되어 있으며, 기업 활동에 필요한 자금을 어디서 얼마나 조달하여 투자했는지 등을 알 수 있게 해준다. 재무상태표는 정보이용자들이 기업의 유동성, 재무적 탄력성, 기

업의 수익성과 위험도 등을 평가하는 데 유용한 정보를 제공하는 기본적인 회계자료로 상법에서는 기업에 대하여 의무적으로 작성하도록 하고 있다.

- 재무제표(financial statement): 재무제표는 재무회계의 과정을 통해 수집, 처리된 정보를 정기적으로 이용자에게 전달하는 방법으로서 재무보고의 가장 핵심적인 보고수단으로 활용되고 있다. 상법에는 재무상태표, 손익계산서 및 이익잉여금 처분계산서 또는 결손금 처리계산서를 재무제표로 하고 있으며, 기업회계기준에서는 재무상태표, 손익계산서, 현금흐름표, 주기 및 주석을 재무제표로 정하고 있다.

- 주식 발행 초과금(premium on capital stock): 주식발행시 그 액면을 초과한 금액으로 주식을 발행하는 경우에 그 차액을 말한다. 이는 감자차익 · 합병차익 · 기타자본잉여금과 함께 자본준비금의 구성항목이며, 이는 반드시 회사 내에 적립하여야 하고, 주주에게 배당할 수 없으며, 자본의 결손보전에 충당하는 경우 외에는 이를 처분하지 못한다. 단, 적립된 자본준비금 및 이익준비금의 총액이 자본금의 1.5배를 초과하는 경우 주주총회 결의를 거쳐 초과하는 범위 내

에서 감액해 이익배당에 활용 가능하다.

- **준거집단(reference group)**: 소비자가 추종하거나 동경하는 사회적 집단을 말한다. 연예인이나 유명 스포츠인을 동경하는 팬클럽이 대표적이다. 한 개인이 자신의 신념 · 태도 · 가치 및 행동방향을 결정하는 데 준거기준으로 삼고 있는 사회집단이다.

- **차입금대장**: 일종의 대출금 내역을 기재한 장부이므로, 차입금대장을 작성함으로써 기업에서 차입금 내역을 효율적으로 관리하고 이를 계획적으로 상환할 수 있다. 또한 차입금 현황 및 차입비율을 관리하여 기업재정에 문제가 생기지 않도록 할 수 있다.

- **초점집단면접(focus group interview)**: 연구자가 어떤 주제에 대하여 정보를 얻거나 문제를 제기하도록 하기 위하여 특정 개인들을 선발하여 집단으로 나눈 다음, 선정된 주제에 대하여 개인적 경험, 견해, 믿음, 태도, 느낌 등에 대하여 발표하고 토론하도록 하는 방법이다.

- 타기팅(targeting): 타기팅이란 세분화된 시장을 몇 가지 기준으로 평가하여 자사와의 적합도가 가장 높은 매력적인 시장을 선택하는 절차라고 할 수 있다. 이때 우선적으로 할 일이 바로 세분화된 시장의 평가인데, 평가를 하기 위한 기준이 필요하다. 그 기준들을 가지고 평가했을 때 가장 매력적인 시장을 한 개 또는 그 이상을 고르는 것이 타기팅, 또는 표적시장 선택이라고 한다.

- 통합 마케팅(integrated marketing system): 생산과 소비를 적합하게 하는 것을 목적으로 하고 상품(서비스 포함)을 생산에서 소비에 이르는 흐름을 전체적으로 분석한다. 마케팅을 판매하는 기능만이 아니고 통합된 기업 활동으로 간주함으로써 기업 경영에 있어서 종합적인 관점에서 파악하려는 것.

- 필립 코틀러(Philip Kotler): 노스웨스턴 대학 켈로그 경영대학원 석좌교수. '마케팅의 아버지'라 불리는 마케팅의 대가이자 세계적인 경영사상가다. IBM, GE, AT & T, 뱅크오브아메리카 등 글로벌 기업에서 컨설턴트로 활동하며 마케팅, 전략, 혁신, 유통 등 다양한 영역의 연구에 매진해왔다.

- 하위문화(subculture): 한 사회 안에서 일반적으로 통용되는 가치관과 행동양식을 전체 문화(total culture)라 할 때, 그 문화의 내부에 존재하면서 독자적 특질과 정체성을 보여주는 소집단의 문화를 하위문화라고 한다. 하위문화의 가장 주요한 기능은 그 구성원들에게 집단적 결속감과 고유한 정체성을 제공해주는 것이다. 지배문화의 주변적 위치에 자리 잡은 하위문화의 구성원들은 자연스럽게 자기들만의 새로운 아이덴티티를 추구하게 되며, 언어·복장·외모·음악·행동방식 등에서 독자적인 스타일을 만들어냄으로서 자신들의 소속감과 연대감을 한층 강화하려는 경향이 있다.

- 현금성 자산(cashable assets): 기업의 현금성 자산은 현금, 수표, 당좌예금 등 대차대조표상 현금과 현금성자산, 단기금융상품(정기예금, 정기적금, 기타 정형화된 상품으로 단기자금 운용 목적으로 소유하거나 기한이 1년 내 도래하는 것 포함)을 더해 산출한다.

- 현금 흐름표(statement of cash flow): 재무제표를 구성하는 다섯 가지 구성요소 중 하나로 일정 기간 동안 기업의 현금흐

름을 나타내는 표이다. 기업이 현금을 어떻게 창출하였고
사용하였는지를 보여주는 역할을 한다. 즉, 현금 흐름표는
기업의 현금창출 능력에 관한 정보를 제공함으로써 재무제
표의 이용자로 하여금 미래 현금흐름 추정이 가능하게 하
는 것은 물론, 기업의 부채 상환 및 배당금 지급 능력과 자
금의 유동성을 평가하는 데 유용한 정보를 제공한다.

- 4P: 현대 마케팅의 중심 이론으로 경영자가 통제 가능한 요
  소를 4P라고 하는데, 4P는 제품(product), 유통경로(place),
  판매가격(price), 판매촉진(promotion)을 뜻한다. 이는 기
  업이 기대하는 마케팅 목표를 달성하기 위해 전략적으로
  실시하는 마케팅 활동으로 마케팅 믹스(Marketing Mix)라
  고도 한다.

- MZ세대: 1980년대 초~2000년대 초 출생한 밀레니얼 세대와
  1990년대 중반~2000년대 초반 출생한 Z세대를 통칭하는
  말이다. 디지털 환경에 익숙하고, 최신 트렌드와 남과 다른
  이색적인 경험을 추구하는 특징을 보인다.

- STP 모델: 미국의 켈로그 경영대학원 석좌교수 필립코틀러

(Philip Kotler)는 기업이 시장을 세분화하여 새로운 고객을 유치하고 지속적인 수익을 낼 수 있도록 STP 모델을 제시했다. STP 모델은 시장세분화(Segmentation), 목표시장 설정(Targeting), 포지셔닝(Positioning) 세 단계로 이루어지며 구체적인 내용은 다음과 같다.

1) 시장세분화: 특정 시장을 공략하기 위한 선행작업으로 고객의 성별, 소득수준, 연령, 지역, 소비성향, 가치관 등 다양한 기준에 의해 시장을 세분화한다.

2) 목표시장 설정: 제품의 이미지나 특징에 가장 적합한 시장을 선정한다. 이때 마케팅 비용이나 수익 증대 폭, 시장의 성장가능성 등을 고려해야 한다.

3) 포지셔닝: 고객에게 타사와 다른 자사 제품의 차별성을 각인시킬 수 있도록 광고 등 커뮤니케이션을 한다.

출처: 네이버 지식백과

저자의 말

 고려대에서 처음 스포츠 비즈니스란 실무 과목을 강의하면
서 '학생들에게 어떠한 목표와 비전을 제시해 줄까.'를 많이
고민했습니다. 스포츠 비즈니스란 개념과 용어가 생소한 데
다 시중에 훌륭한 책 중에서도 스포츠 비즈니스 실무 분야를
정확하게 짚어 주는 지침서는 많지 않았습니다. 따라서 현장
에서 강의와 실무를 겸하면서 스포츠 비즈니스 분야 이론과
현장 사례를 충실히 소개하는 것은 스포츠 비즈니스를 연구
하는 사람으로서 의무라는 생각이 들었습니다. 그래서 많이
부족하지만 이 분야를 누구나 쉽게 이해할 수 있도록 새 지침
서를 만들려고 시도하였습니다. '스포츠 비즈니스 실무론' 제
목처럼 기업의 사업수행에 실제로 활용되는 개념, 여러 가지
관련 이론, 다양한 기업 실무 지식들을 접목하여 이해도를 높
였습니다. 스포츠 비즈니스를 이런 방향으로 가르쳐야 한다
는 사람이 많지 않았기에 내용적으로 많은 고민이 있었습니
다만, 다행히 강의가 끝날 때마다 학생들이 좋은 평가와 큰

관심을 보여 주었습니다. 무척 감사한 일입니다.

이 책자의 특징은 다음과 같습니다.

첫째, '스포츠 비즈니스' 개념을 이해하기 위해 실무자의 현장경험을 이론과 더불어 설명하였습니다.

둘째, 100년 된 스포츠 기업을 연구 대상으로 삼았으며 그동안 축적된 각 부서의 역할들을 생생하게 담았습니다.

셋째, 내용을 이해하는 데 도움이 되도록 표를 활용하였으며 이와 관련된 내용들을 정리하였습니다.

이 책을 준비하는 데 도와주신 고마운 분이 많습니다. 우선 저의 은사 강현민 지도교수님, 양준혁 교수님, 그리고 이 책을 집필하느라 가족과 많은 시간을 함께하지 못했음에도 인내해 준 아내와 아들들에게 고마움을 전합니다. 미처 이름을 다 담지 못한 분들께도 거듭 감사 인사를 드립니다.

참고 문헌

- Bendit, O. G., and Koehler, L. S.(1991). Accounting and budgeting. In B. L. Parkhouse(ed.). The management of sport: Its foundation and application. St. Louis: Mosby YearBook.

- Bridges F., and Roquemore, L.(1998). Management for atheletic/ sport administration: Theory and Practice. 2nd ed. Decatur, IL: ESM.

- Chandler, Alfred D., Jr.(1980). The Visible Hand The Managerial Revolution in American Business. Belknap Press.

- Chelladurai, P.(1985). Sport management. Macro perspectives. London, ON: Sports Dynamics.

- Coakley, J.J.(1998). Sport in society. Issues and controversies, 6th ed. St. Louis, MO: Mosby.

- Csikszentmihalyi, M.(1997). Finding flow. New York: Basic Books.

- Deci, E. L., & Ryan, R. M,(1991). A motivational approach to self: Integration in personality. In R. Dienstbier (Ed.), Nebraska symposium on motivation: Vol. 38. Perspectives on motivation(pp. 237-288). Lincoln: University of Nebraska Press.

- Katz, R. L. (1974). Skills of an effective administrator. Harvard

Business Review, 52, 90-102.

- Kotler, P. & Armstrong, G. (1989). Principles of Marketing. Hall series in marketing: Prentice Hall.

- Kotler, P. (2003). Marketing management: Analysis, implementation, planning and control, 15th ed. Upper Saddle.

- Mc Gregor, D. (1960). The human side of enterprise. New york: Mcgraw-Hill.

- Mondy, R. W., Shaplin, A., and remeaux, S. R. (1991). Management: Concepts, practices and skills. 5th ed. Needham Heights, MA: Allyn & Bacon.

- Mullin, B. (1985). Internal marketing - A more effective way to sell sport. VA: The Michiel Company.

- Mullin, B., Hardy, S. & Sutton, W. A. (1993). Sport marketing. Champaign, IL: Human Kinetics.

- Perrault, W., and McCarthy, E. J. (2002). basic marketing, 2nd ed. Champaign, IL: Human Kinetics.

- Stier, W. F. (1999). Managing sport, fitness and recreation programs. Needham Heights, NJ: Allyn & Bacon.

- Synder, E. E., and Spreitzer, E. A. (1989). Sociological aspects of sport. 3d ed. Englewood Cliffs, NJ: Orentice Hall.

- 마이클 포터(2018). 마이클 포터의 경쟁전략: 하버드 경영전략 교과서. 미래경제 연구소.

- 송해룡(2001). 디지털 커뮤니케이션과 스포츠콘텐츠: 커뮤니케이션 북스.

- 이학식, 안광호, 하영원(2006). 소비자행동: 마케팅 전략적 접근. 법문사.
- 오석홍, 손태원, 이창길(2019). 조직학의 주요이론, 범문사.
- 톰켈리, 조너선 리트먼(2012). 유쾌한 이노베이션. 세종서적.
- 피터 드러커(2007). 매니지먼트. 청림출판.